Kinkels Rechtsfälle mit Lösungen

Band 2

Bauernrecht

bearbeitet

von

Dr. jur. utr. Dr. oec. publ. W. E. Kinkel

1938

München, Berlin, Leipzig

J. Schweitzer Verlag (Arthur Sellier)

Druck von Dr. F. P. Datterer & Cie., Freising-München.

Vorwort.

Nachdem der erste Band der „Rechtsfälle" in breiten Kreisen — insbesondere bei den Rechtsstudenten — überaus großen Anklang gefunden hat, kann ich erwarten, daß auch dem „Bauernrecht" ein nicht minder großes Interesse entgegengebracht wird. Wiederum sind die Fälle zum Teil aus Besprechungen im Rahmen meiner juristischen Vorbereitungskurse hervorgegangen; ich habe jedoch, in gleicher Weise wie beim „Arbeitsrecht", Wert darauf gelegt, einen möglichst umfassenden Überblick über die erbhofrechtliche Rechtsprechung (insbesondere des REHGer.) zu geben, was bezüglich der Auswahl des Stoffes mit gewissen Schwierigkeiten angesichts des zur Verfügung stehenden knappen Raumes verbunden war.

Die Bearbeitungen der Fälle sind keine sog. Musterlösungen; sie sollen lediglich die Problemlage der einzelnen Sachverhalte klar herausstellen und in dieselben einführen.

Gräfelfing bei München, im Januar 1938.

Dr. Kinkel.

Inhaltsübersicht.

Aufgaben mit Lösungen:	Seiten Fall	Seiten Lösung
1. Beginn der Erbhofeigenschaft	9	34
2. Die Ackernahrung	9	35
3. Das Feststellungsverfahren	10	36
4. Miteigentumsanteile und Ackernahrung	10	38
5. Der Erbhof als Wirtschaftseinheit	10	39
6. Erbhof und Eigentum am Zubehör	11	41
7. Bedeutung des Stichtags 23. Dezember 1936	11	41
8. Einspruchsversäumnis und Beschwerde	12	42
9. Erbhöfe über 125 ha	12	43
10. Hofverpachtung u. Erbhofeigenschaft; Bauernfähigkeit	12	44
11. Bauernfähigkeit und Verschollenheit	13	47
12. Rechtskraft der Entscheidung über die Bauernfähigkeit	14	48
13. Der Mischbetrieb	14	49
14. Die Nachwirkung eines früheren Mischbetriebes	15	51
15. Die Verschuldung des Hofes	15	52
16. Veräußerungsgenehmigung unter Auflage	16	55
17. Gutgläubiger Erwerb von Erbhofgegenständen	16	57
18. Übergabevertrag und Zubehör	17	58
19. Aufhebung der Erbhofeigenschaft zum Zwecke der Ausstattung	17	60
20. Hofübergabe bei Ehegattenerbhöfen	18	62
21. Erbauseinandersetzung und Schenkung	19	64
22. Die gesetzliche Anerbenfolge	19	65
23. Anerbenordnung und Ältestenbrauch	20	67
24. Getarnte Erbteilung	20	68
25. Berechnung des Anerbenteils am freien Nachlaß	20	68
26. Erbhof und Vorerbschaft	21	71
27. Wirkung des Erbverzichts	21	72
28. Vererbung des Auflassungsanspruchs bei Erbhöfen	22	73
29. Freie Anerbenbestimmung	22	74
30. Wichtiger Grund zur Übergehung von Anerben erster Ordnung	23	74
31. Die Anerbenberechtigung des Unehelichen und der Verzicht auf das Anerbenrecht	23	76
32. Die Berechnung des Pflichtteils	24	78
33. Das Austauschrecht	24	79
34. Wirkung der Entziehung der Nutzverwaltung	25	82
35. Wirtschaftsüberwachung und Abmeierung	25	84

Aufgaben ohne Lösungen:

Verzeichnis des benutzten Schrifttums.

Kommentare.

Baumecker, Handbuch des gesamten Reichserbhofrechts, 3. Aufl., Köln 1935
Hennig, Das Reichserbhofrecht, Berlin 1935
Hopp, Deutsches Bauernrecht (Loseblattausgabe der Rechtsquellen), Berlin 1936, zitiert unter Hopp, Erbhofrechtsverordnung und Erbhofverfahrensordnung. Erl. Textausgabe, Berlin 1937
Vogels, Das Reichserbhofgesetz, 4. Aufl., Berlin 1937
Wagemann u. Hopp, Reichserbhofgesetz, 3. Aufl., Berlin 1935
Wöhrmann, Das Reichserbhofrecht, 2. Aufl., Berlin 1934.

Lehrbücher und Schriften.

Blomeyer, Deutsches Bauernrecht, Berlin 1936
Dölle, Lehrbuch des Reichserbhofrechts, Berlin 1935
Gülland, Das Reichserbhofrecht, Berlin 1935
Güthe-Triebel, Grundbuchordnung, 6. Aufl. 2. Bd., Berlin 1936
Merkel-Wöhrmann, Deutsches Bauernrecht in „Neugestaltung von Recht und Wirtschaft" (H. 32, Teil 2). Leipzig 1936
Saure, Das Reichserbhofgesetz (Leitfaden), 5. Aufl., Berlin 1937
Schapp, Das Reichserbhofgesetz, Berlin 1934 (auch Kommentar)
Stoll, Deutsches Bauernrecht, Tübingen 1935
Zimmerer, Die Rechtsgeschäfte des Erbhofrechts, 2. Aufl. 1937.

Entscheidungen.

Entscheidungen des Reichserbhofgerichts seit 1934 im Franz Vahlen-Verlag, Berlin. Zitiert unter REHG.
Vogels u. Hopp, Rechtsprechung in Erbhofsachen (Loseblattform), seit 1934, Berlin. Zitiert unter EHRspr.

Zeitschriften.

Juristische Wochenschrift
Zeitschrift der Akademie für Deutsches Recht
Deutsches Recht (Organ des NSRB.)
Deutsche Juristen-Zeitung.

Verzeichnis der Abkürzungen.

AEG.	= Anerbengericht
DJ.	= Deutsche Justiz (seit 1933)
DJZ.	= Deutsche Juristen-Zeitung
DNotZ.	= Deutsche Notarzeitschrift
DR.	= Deutsches Recht
DV.	= Durchführungsverordnung
EHG.	= Erbhofgericht
EHRsp.	= Rechtsprechung in Erbhofsachen, hrsg. von Vogels u. Hopp, seit 1934
EHRV.	= Erbhofrechtsverordnung v. 21. Dezember 1936
EHVfO.	= Erbhofverfahrensordnung v. 21. Dezember 1936
FGG.	= Reichsgesetz über Angelegenheiten der freiwilligen Gerichtsbarkeit v. 20. Mai 1898
GBA.	= Grundbuchamt
GBO.	= Grundbuchordnung v. 5. August 1935
JW.	= Juristische Wochenschrift
KGJ.	= Jahrbuch der Entscheidungen des Kammergerichts
KrBF.	= Kreisbauernführer
LEHG.	= Landeserbhofgericht in Celle
OLG.	= Oberlandesgericht
RBF.	= Reichsbauernführer
RdRN.	= Recht des Reichsnährstandes (seit 1934)
REG.	= Reichserbhofgesetz v. 29. September 1933
REHG.	= Entscheidungen des Reichserbhofgerichts
REHGer.	= Reicherbhofgericht
RErnMin.	= Reichsernährungsminister
RGZ.	= Entscheidungen des Reichsgerichts in Zivilsachen
RGR.-Komm.	= Kommentar der Reichsgerichtsräte zum BGB., 8. Aufl., 1934—1936
RNSt.	= Reichsnährstand
zit.	= zitiert.

Die Aufgaben:

1. Fall.

Beginn der Erbhofeigenschaft.

Im Alleineigentum des bauernfähigen A stand am 22. Dezember 1936 eine landwirtschaftlich genutzte Bodenfläche in der Größe von 11 ha. Der ursprüngliche Besitz des A am 1. Oktober 1933 betrug 7 ha. Die restlichen 4 ha hat A durch notariellen Kaufvertrag vom 11. November 1936 von dem Nichtarier B erworben. Der Gesamtbesitz beträgt eine Ackernahrung. Die Eintragung des A im Grundbuch erfolgte am 22. Dezember 1936.

Ist die Besitzung des A Erbhof?

2. Fall.

Die Ackernahrung.

Die bauernfähigen Eheleute A, die in allgemeiner Gütergemeinschaft leben, sind Eigentümer eines Hofes in der Größe von 9,8 ha; davon sind 3,8 ha wenig ertragreicher Wald, 5,4 ha Acker und 0,6 ha Wiese. Auf der Besitzung, die schuldenfrei über die schweren Krisenjahre der Landwirtschaft hinweggekommen ist und die in einer bekannten und guten Hopfenanbaugegend liegt, befindet sich auch eine Hopfenanlage mit 2400 Stöcken, die jährlich ca. 7 Ztr. abwirft. An gesundem Vieh befindet sich auf dem Hof 4 Kühe, 2 Jungrinder, 2 Schweine und 25 Hühner. Fest steht, daß die Ackernahrung ohne den Hopfenbau nicht gegeben ist, daß aber das Besitztum infolge des Hopfenbaues durchaus die Ernährung und die Bekleidung der bäuerlichen Familie sicherstellt.

Ist der Hof Erbhof?

3. Fall.
Das Feststellungsverfahren.

A hat als Alleinerbe am 27. Februar 1930 von seinem Vater einen landwirtschaftlich genutzten Betrieb in Größe von 10 ha erworben. Ein Teil der Grundstücke ist moorig und wenig ertragreich. Der steuerliche Einheitswert des Besitztums beträgt 9000 *RM*. Die Eintragung in die Höferolle ist im Jahre 1934 erfolgt. Die Schuldenlast des Hofes beträgt 7000 *RM*, die hypothekarisch am Grundbesitz gesichert sind. Ein Gläubiger möchte die Zwangsvollstreckung betreiben; er bestreitet die Erbhofeigenschaft mit der Begründung, der Grundbesitz des A stelle keine Ackernahrung dar.

I. In welchem Verfahren ist die Frage nach der Erbhofeigenschaft zu erledigen?

II. Was wird das Gericht bei seiner Entscheidung zu berücksichtigen haben?

4. Fall.
Miteigentumsanteile und Ackernahrung.

Der Bauer A ist Eigentümer eines Hofes in der Größe von 12 ha. An einem weiteren landwirtschaftlich genutzten Grundstück in der Größe von 0,6 ha steht ihm ein Miteigentumsanteil zu. Das in seinem Miteigentum stehende Grundstück wird seit Jahren regelmäßig von der Hofstelle des A aus bewirtschaftet; die Erträgnisse dienen der Stärkung des Hofes.

I. Kann der Miteigentumsanteil bei der Prüfung der Frage der Ackernahrung mitberücksichtigt werden?

II. Kann der Miteigentumsanteil frei veräußert werden?

5. Fall.
Der Erbhof als Wirtschaftseinheit.

A ist Eigentümer eines Erbhofes (I), der ihm nach dem Ableben seiner Mutter im Jahre 1934 angefallen ist. Im Jahre 1931 hatte A eine Wiese (Grundbuchblatt 25) käuflich erworben und ist als deren Eigentümer im Grundbuch eingetragen worden. Er bewirtschaftete damals den Erbhof (I) zusammen mit seiner Mutter; auch die Wiese ist vom Mutterhof bereits bewirtschaftet worden, für dessen Zwecke sie auch erworben wurde. Im Jahre 1932 hat A einen eine Ackernahrung darstellenden Hof (II), als dessen Eigentümer er im Grundbuch eingetragen wurde, käuflich erworben. Der größte Teil des zu diesem Hof (II) gehörigen Kulturlandes ist auf Zeit verpachtet, ebenso das Hauptwohnhaus. Der Rest des Hofes (II) wird seit 1932 vom Erbhof (I) bewirtschaftet, wobei teilweise die Gebäude des Hofes (II) zuhilfe genommen werden mußten.

A hat Feststellung dahingehend beantragt, daß die von ihm erworbene Wiese und der zweite Hof bei Lebzeiten seiner Mutter keinen selbständigen Erbhof bildeten, und daß diese Grundstücke jetzt Teile des bisher der Mutter gehörenden Hofes (I) seien, der mit dem Ableben der Mutter auf ihn übergegangen sei.

Wird A mit seinem Feststellungsbegehren durchdringen?

6. Fall.

Erbhof und Eigentum am Zubehör.

Der Ehemann A ist Alleineigentümer eines landwirtschaftlich genutzten Grundbesitzes nebst Hofstelle in der Größe einer Ackernahrung. Das gesamte lebende und tote Inventar des Hofes steht im Alleineigentum der Ehefrau.

Ist der Hof Erbhof?

7. Fall.

Bedeutung des Stichtages 23. Dezember 1936.

Der Ehemann und die Ehefrau besitzen am 1. Oktober 1933 je 3 ha landwirtschaftlich genutzten Bodens nebst Hofstelle. Diese bilden jedoch keine Ackernahrung. Der Mann erwirbt im Januar 1934 weitere 2 ha hinzu, sodaß eine Ackernahrung entsteht.

Ist ein Erbhof entstanden?

8. Fall.

Einspruchsversäumnis und Beschwerde.

A ist seit 1930 Eigentümer eines landwirtschaftlich genutzten Grundbesitzes in der Größe von 11 ha. Sein Hof ist 1934 in das gerichtliche Verzeichnis der für die Aufnahme in die Erbhöferolle in Aussicht genommenen Besitzungen aufgenommen worden. Hiergegen ist von keiner Seite Einspruch eingelegt worden. Eine Eintragung in die Höferolle hat noch nicht stattgefunden, da diese noch nicht angelegt ist. Der Kreisbauernführer hat im Jahre 1937 beim AEG. eine Feststellung über die Bauernfähigkeit des Eigentümers beantragt, da nach der ganzen Wirtschaftsweise des A angenommen werden müsse, daß er bereits bei Inkrafttreten des REHG. nicht bauernfähig gewesen und deshalb sein Grundbesitz kein Erbhof sei. Dem Antrag hat das AEG. stattgegeben.

War das noch möglich?

9. Fall.

Erbhöfe über 125 ha.

I. A hat bei Inkrafttreten des REG. einen Erbhof in der Größe von 120 ha. Im Jahre 1938 erwirbt er Äcker und Wiese mit insgesamt 10 ha hinzu.

Wie steht es mit der Erbhofeigenschaft des Hinzuerwerbs und mit der Erbhofeigenschaft des Hofes überhaupt?

II. A besaß am 1. Oktober 1933 einen Hof in Größe von 150 ha, der im Jahre 1935 durch den Reichsernährungsminister als Erbhof zugelassen wurde. A erwirbt 10 ha Äcker und Wiesen hinzu.

Wie steht es mit der Erbhofeigenschaft?

10. Fall.

Hofverpachtung und Erbhofeigenschaft. Bauernfähigkeit.

A, der Eigentümer eines großen Hofes (alter Familienbesitz) von 85 ha war, ist im Februar 1934 gestorben. Er hatte im Kriege eine schwere Verwundung erlitten, die ihm das Sehvermögen raubte und ihn linksseitig völlig lähmte, sodaß er dauernd pflegebedürftig war. Deshalb verpachtete er im Jahre 1920 das Landgut zunächst auf die Dauer von 15 Jahren an den B. Von einem Verkauf sah er deshalb ab, weil er den Hof einem seiner beiden damals noch minderjährigen Söhne X oder Y erhalten wollte, für den Fall, daß einer der beiden einmal Neigung verspüren sollte, den Hof zu übernehmen. Beide Söhne haben in der Zwischenzeit studiert. X, der Ältere der beiden, hat im Jahre 1933 das Diplom als Ingenieur erlangt, Y ist Kaufmann geworden. Beide Söhne haben die Verbindung zum Bauerntum, aus dem sie stammen, nicht verloren und möchten unter Aufgabe ihres Berufes den Hof nach dem Tode ihres Vaters bzw. nach Ablauf des Pachtvertrages am 1. Oktober 1934 übernehmen. Sie sind dahin übereingekommen, ihn gemeinschaftlich zu bewirtschaften, nachdem X von seinem in der Gegend herrschenden Ältestenrecht keinen Gebrauch gemacht hat. Sie bewirtschaften den Hof seit dieser Zeit auch gemeinschaftlich. Infolge entstandener Unzuträglichkeiten beantragt nun X beim AEG. die Feststellung, daß der Hof Erbhof und er der Alleinerbe sei. Y macht dagegen geltend, der Hof habe am 1. Oktober 1933 im Alleineigentum einer nicht bauernfähigen Person gestanden und sei zudem ständig durch Verpachtung genutzt worden.

Wie ist die Rechtslage?

11. Fall.

Bauernfähigkeit und Verschollenheit.

A erbte im Jahre 1921 von seinem Vater einen Hof in Größe einer Ackernahrung; damals war er 37 Jahre alt. Seit dem Jahre 1923 hat sich A, der dem Trunke völlig ergeben war, nicht mehr um den Hof gekümmert und vagabundierte zeitweilig wochenlang im Lande umher. Von einer solchen Landstreicherfahrt, die er am 5. Februar 1924 angetreten hat, ist er nicht mehr zurückgekehrt; auch ist seit diesem Tage nichts mehr von ihm gehört worden. Er wurde im Jahre 1935 auf Antrag seines den Hof bewirtschaftenden tüchtigen Bruders und einzigen Erben B gemäß §§ 14, 18 BGB. für tot erklärt; als Todestag wurde im Urteil der 31. Dezember 1934 festgesetzt.

Ist der Hof Erbhof geworden?

12. Fall.

Rechtskraft der Entscheidung über die Bauernfähigkeit.

A, der Eigentümer einer landwirtschaftlich genutzten Bodenfläche in Größe einer Ackernahrung ist, hat im Jahre 1937 beim AEG. die Feststellung beantragt, daß sein Hof Erbhof sei. Das AEG. hat dem Antrag durch rechtskräftigen Beschluß vom 10. Oktober 1937 entsprochen, nachdem es die an der Bauernfähigkeit des A aufgetauchten Zweifel zugunsten der Bauernfähigkeit abgetan hatte. Dem Verfahren hatte sich ein Gläubiger (X) des A angeschlossen, da er in ein zum Hof gehöriges Grundstück vollstrecken wollte. Der gleiche Gläubiger stellt im Jahre 1938 beim AEG. den Antrag, es möge feststellen, daß die Bauernfähigkeit des A seinerzeit zu Unrecht angenommen worden sei und daß der Hof wegen mangelnder Bauernfähigkeit des A nicht Erbhof geworden sei.

Wird dem Antrag des X vom AEG. entsprochen werden können?

13. Fall.

Der Mischbetrieb.

Der bauernfähige A ist Eigentümer eines landwirtschaftlich genutzten Grundbesitzes in der Größe von 12 ha, der dem Erfordernis einer Ackernahrung entspricht. Zwei Zimmer des Bauernhauses sind bereits von seinem Großvater zu Gast- und Schankräumen eingerichtet worden, nachdem dieser die Gastwirtschaftskonzession erworben hatte. Seit etwa 40 Jahren wird der Gastwirtschaftsbetrieb geführt; er wirft gute Erträgnisse ab.

Wie steht es mit der Erbhofeigenschaft des Besitzes?

14. Fall.

Die Nachwirkung eines früheren Mischbetriebes.

A ist Eigentümer eines landwirtschaftlich genutzten Grundbesitzes in Größe von 16 ha, der teilweise auf einige Jahre verpachtet, teilweise durch A selbst bewirtschaftet wurde. Auf dem Grundstück, das früher erheblich größer war, befindet sich eine seit mehreren Jahren wegen Konjunkturrückgangs stillgelegte Ziegelei. Während des Betriebs der Ziegelei, die eine ziemlich bedeutende Produktion hatte, war die Bewirtschaftung des Ackerlandes nur nebenbei betrieben worden.

Ist der Grundbesitz am 1. Oktober 1933 Erbhof geworden, wenn zu dieser Zeit die Ziegelei bereits stillgelegt war und das Besitztum lediglich noch landwirtschaftlich genutzt wurde?

15. Fall.

Die Verschuldung des Hofes.

A ist Eigentümer eines Anwesens von etwa 9 ha gutem und ertragreichem, landwirtschaftlich genutztem Boden, die eine ausreichende Ackernahrung gewähren. Er hat außer Verbindlichkeiten gegenüber seinen Geschwistern aus der Gutsübernahme von noch etwa 7500 *RM* eine Schuldenlast von rund 20000 *RM*, die daraus herrührt, daß er in den Jahren 1924/25 zwei neue Dreschsätze für den bereits von seinem Vater im Jahre 1915 eingerichteten Lohndreschbetrieb angeschafft hat. Die Lohndrescherei bringt durchaus schwankende Erträgnisse; sie leistet zwar den schweren Zinsendienst, wirft aber nicht einmal soviel ab, wie zur Bildung von Rücklagen für die Erneuerung der Maschinen erforderlich wäre. Nach Ansicht der Sachverständigen war die Erweiterung des Lohndreschereigewerbes unter Inanspruchnahme von Kredit ein verhängnisvoller Fehlgriff.

Der Hof ist nicht in das gerichtliche Verzeichnis der Höfe aufgenommen worden. Das AEG. hat den Einspruch zurückgewiesen. Auch die vom Kreisbauernführer eingelegte Beschwerde wurde vom LEHG. zurückgewiesen u. a. mit der

Begründung, daß die Verschuldung schon immer dann zur Verneinung der Erbhofeigenschaft führen müsse, wenn sie aus einem Gewerbebetrieb herrühre und für den landwirtschaftlichen Betrieb untragbar sei.

Wird die dagegen vom Landesbauernführer eingelegte weitere Beschwerde Erfolg haben?

16. Fall.

Veräußerungsgenehmigung unter Auflage.

Der Bauer A ist Eigentümer eines mittelgroßen und ertragreichen Erbhofes. Durch schlechte Wirtschaftsführung und Kinderausstattungen hat A eine Schuldenlast von rund 20000 *RM* vom Erblasser im Jahre 1930 übernommen. Da es ihm trotz tatkräftigsten Einsatzes nicht gelingt, größere Beträge zur Schuldentilgung aufzubringen, beantragt er im Jahre 1937 beim AEG., ihm die Veräußerung eines Grundstückes in der Größe von 0,6 ha zu genehmigen. Das Ausscheiden dieses Grundstückes aus dem Wirtschaftsverband des Hofes würde diesen in seinem Ertragswert nur ganz unerheblich mindern; andererseits bietet sich eine besonders günstige Gelegenheit zum Verkauf. Das AEG. erteilt die Genehmigung mit der Maßgabe, A solle den Veräußerungserlös zur Schuldentilgung verwenden und dies durch Vorlage von Quittungen dem Kreisbauernführer nachweisen.

Welche Erwägungen muß das AEG. vor Erteilung der Genehmigung anstellen und durfte es die Genehmigung von der Verwendung des Erlöses zur Schuldentilgung abhängig machen?

17. Fall.

Gutgläubiger Erwerb von Erbhofgegenständen.

I. Der Bauer A veräußert ohne Genehmigung des AEG. außerhalb des ordnungsmäßigen Rahmens der Wirtschaftsführung eine Kuh.

Ist der Erwerber X Eigentümer der Kuh geworden?

II. A verkauft durch notariellen Kaufvertrag im Jahre

1937 ein Grundstück, das zu seinem Erbhof gehört, an X, der auch im Grundbuch als Eigentümer eingetragen wird.

Konnte er Eigentum erwerben, wenn das AEG. die Genehmigung nicht erteilt hat?

18. Fall.

Übergabevertrag und Zubehör.

Die in allgemeiner Gütergemeinschaft lebenden Eheleute A beantragen beim AEG. die Genehmigung eines formgerechten Hofübergabevertrages, den sie mit dem Anerben am 15. Dezember 1935 abgeschlossen haben. In dem Übergabevertrag behalten sich die Eheleute das Eigentum an fast sämtlichem Hausgerät (Möbel, Haus- und Küchengerät, Betten, Wäsche usw.) vor. Das Hausgerät steht im Gesamtgut der Eheleute. Der Übergabevertrag sieht vor, daß die Altenteiler in ihren bisherigen Wohnräumen wohnen bleiben und am gemeinschaftlichen Haushalt teilnehmen.

Wird das AEG. den Übergabevertrag genehmigen?

19. Fall.

Aufhebung der Erbhofeigenschaft zum Zwecke der Ausstattung.

Die Eheleute A sind Miteigentümer eines 25 ha großen Erbhofes. Außer einem anerbenberechtigten Sohn S ist eine Tochter T vorhanden, die beabsichtigt, in absehbarer Zeit den Landwirt B zu heiraten, der im Besitze eines landwirtschaftlich genutzten Grundbesitzes von 6 ha ist, der keine Ackernahrung darstellt. Die Eheleute möchten ihrer Tochter als Ausstattung einzelne Teilgrundstücke ihres Erbhofes zuwenden, zumal dann die Eheschließung der T mit dem B bald erfolgen kann. Es handelt sich um etwa 3 ha Kulturland, die, von der T in die Ehe eingebracht, dazu genügen würden, eine ausreichende Ackernahrung für die Eheleute B sicherzustellen. Durch Ausscheiden der betreffenden Grundstücke aus dem Besitztum der Eheleute A würde die Ackernahrung des Erbhofes der Eheleute nur unerheblich vermindert.

Die Eheleute A stellen deshalb beim AEG. den Antrag auf Freigabe einzelner bestimmter Erbhofgrundstücke dergestalt, daß die Erbhofeigenschaft dieser Grundstücke aufgehoben werden sollte. Das AEG. gab diesem Antrag statt, bestimmte indessen, um die Verwendung der zur Ausstattung der Tochter freigegebenen Grundstücke sicherzustellen, daß die Eheleute innerhalb von vier Wochen nach Rechtskraft eine Auflassungsvormerkung zugunsten ihrer Tochter im Grundbuch eintragen zu lassen hätten; für den Fall, daß deren Ausstattung nicht in Frage käme, sollten die Grundstücke bei dem Erbhof verbleiben.

Was ist von der Zulässigkeit dieses Beschlusses zu halten?

20. Fall.

Hofübergabe bei Ehegattenerbhöfen.

Die Eheleute A, die in allgemeiner Gütergemeinschaft leben, wollen ihren zum Gesamtgut gehörigen Erbhof der vorehelichen Tochter der Frau A, der T_1, übergeben. Diese hat bisher ständig auf dem Hofe gearbeitet. Außer der T_1 hat Frau A noch zwei weitere uneheliche Kinder, T_2 und S, in die Ehe gebracht. S ist bereits Eigentümer eines Erbhofes und hat überdies formlos und ernsthaft auf die Nachfolge in den Hof der Eheleute A verzichtet.

An Verwandten des Ehemannes A (von dem der Hof stammt!) sind noch sein Bruder, der seinen eigenen Erbhof schon an seinen jüngsten Sohn übergeben hat, ferner Söhne weiterer Geschwister vorhanden. Von den Geschwistersöhnen widersprach lediglich der Sohn eines verstorbenen Bruders des A, der Bauarbeiter X, der Hofübergabe an die T_1.

Das AEG. hat die Hofübergabe genehmigt. Auf die sofortige Beschwerde des X hat das LEG. den Beschluß aufgehoben und die Sache zur nochmaligen Verhandlung und Entscheidung zurückverwiesen, mit der Begründung, das AEG. sei von der unrichtigen Meinung ausgegangen, daß die uneheliche Tochter der Frau A gemäß § 21 Abs. VII REG. den Vorrang vor X habe; das AEG. habe sich infolge dieser falschen Anschauung mit den Verwandten des Ehemannes A überhaupt nicht beschäftigt.

Ist dem Standpunkt des LEG. beizutreten?

21. Fall.

Erbauseinandersetzung und Schenkung.

Die Eheleute M und F waren teils als Alleineigentümer, teils als Miteigentümer landwirtschaftlich genutzter Grundstücke, die in ihrer Gesamtheit den sachlichen Anforderungen eines Erbhofes entsprechen, im Grundbuch eingetragen. Der Ehemann M ist vor dem 1. Oktober 1933 verstorben und wurde von seiner Witwe F sowie von seinen drei Kindern beerbt, ohne daß das Miterbenverhältnis im Grundbuch eingetragen wurde. Am 31. Januar 1937 schlossen die Genannten einen „Erbauseinandersetzungs- und Übergabevertrag", wonach der eine Sohn A den gesamten Grundbesitz nebst Inventar erhalten und die beiden Schwestern X und Y in genau festgesetzter Weise abfinden sollte. Die Auflassung an den Erwerber A wurde zugleich erklärt.

A schenkte in einer notariellen Verhandlung vom selben Tage seiner Ehefrau die ideelle Hälfte des ihm aufgelassenen Grundstücks und ließ ihr dieselbe auf. Der Antrag, die Eheleute A demgemäß als Miteigentümer zu gleichen Teilen ins Grundbuch einzutragen, wurde vom Grundbuchamt beanstandet, weil eine anerbengerichtliche Genehmigung zu der Übertragung der Miteigentumshälfte an die Ehefrau nicht vorlag.

Ist eine Genehmigung des AEG. überhaupt erforderlich?

22. Fall.

Die gesetzliche Anerbenfolge.

Der Bauer A war Eigentümer eines in der hannoverschen Höferolle eingetragenen Erbhofs. Er starb am 1. November 1905. Der Hof ging zu diesem Zeitpunkt auf seinen einzigen Sohn B über. B starb am 20. April 1936, ohne Abkömmlinge zu hinterlassen. Er wurde überlebt von seiner Schwester S.

Die Witwe des A, die Mutter des B und der S, hatte sich im Jahre 1907 wieder verheiratet. Aus dieser Ehe ist ein Sohn X hervorgegangen.

Wer ist Anerbe, die S oder der X?

23. Fall.

Anerbenordnung und Ältestenbrauch.

Der Erbhofbauer A ist im Jahre 1935 ohne Abkömmlinge gestorben. Seine gesetzlichen Erben sind zur einen Hälfte seine Mutter und seine beiden verheirateten Schwestern X und Y, von denen X die Ältere ist. In der Gegend gilt nach Feststellung des AEG. Ältestenrecht.

Wer bekommt den Hof?

24. Fall.

Getarnte Erbteilung.

A ist Eigentümer eines Erbhofes mit einem Verkehrswert von etwa 70000 *RM*. Er hat drei Söhne, X, Y und Z. Der jüngste Sohn Z ist der Anerbe. Er beantragt beim AEG. die Erteilung der Genehmigung zur Veräußerung des Hofes. Als Begründung führt er glaubhaft an, daß er den zu erwartenden Veräußerungserlös von etwa 60000 *RM* seinen Söhnen überlassen will, damit diese sich kleinere Landstellen erwerben können. X und Y sollen je 15000 *RM*, Z, der Anerbe, dagegen 30000 *RM* erhalten, womit Z instandgesetzt würde, einen Erbhof zu kaufen. Damit wären alle Söhne versorgt.

Das REG. hat die beantragte Genehmigung verweigert.

Mit Recht?

25. Fall.

Berechnung des Anerbenteils am freien Nachlaß.

Der Bauer A stirbt im Jahre 1937 unter Hinterlassung seines Hofes und eines zum freien Vermögen gehörenden städtischen Grundstücks. Auf dem Hof ist zugunsten des X eine Darlehnsbuchhypothek in Höhe von 5000 *RM*, auf dem Stadtgrundstück eine solche in Höhe von 3000 *RM* zugunsten des Y eingetragen. Der Bauer ist ohne Hinterlassung eines Testaments gestorben und wird überlebt von seinem anerbenberechtigten Sohn S und seiner Tochter T.

I. Wie ist die Verteilung des Nachlasses vorzunehmen, wenn der Ertragswert des Erbhofes 15000 RM., der Wert des Stadtgrundstückes 25000 RM. beträgt?

II. Wie ist die Rechtslage, wenn der Ertragswert des Hofes nur 7000 RM. beträgt?

III. Wie regelt sich die Haftung im Außenverhältnis?

26. Fall.

Erbhof und Vorerbschaft.

Der Bauer A war Alleineigentümer eines Hofes in Erbhofgröße. Im Jahre 1922 hat er mit seiner Ehefrau ein gemeinschaftliches Testament errichtet, worin sich die Ehegatten einander zu Erben und, da sie keine eigenen Kinder haben, ihre Nichte X und ihren Neffen Y zu Nacherben einsetzen. Die X ist die Tochter einer Schwester der Frau, Y der Sohn eines Bruders des Mannes. A ist im Jahre 1927 gestorben. Im Jahre 1937 beantragt die überlebende Ehefrau beim AEG., ihr die Zustimmung dafür zu erteilen, daß sie ihre Nichte X zur Anerbin bestimme. Das AEG. hat ihr die verlangte Genehmigung erteilt. Gegen diesen Beschluß des AEG. hat Y sofortige Beschwerde beim EHG. eingelegt, trotzdem er bereits einen Erbhof besitzt.

Wie wird die EHG. entscheiden?

27. Fall.

Wirkung des Erbverzichts.

Der Bauer A hat zwei bauernfähige Söhne X und Y. X ist der Anerbe; er hat bereits selbst einen bauernfähigen Sohn X_1. Er hat in formgerechter Weise am 1. November

1935 auf sein Anerbenrecht verzichtet. Im Jahre 1937 stirbt A. Der zweite Sohn Y übernimmt den Hof; er behauptet, Anerbe zu sein. Dem widerspricht X_1 mit der Behauptung, er sei der Anerbe, da der Verzicht seines Vaters keine Wirksamkeit für ihn besäße.

Hat X_1 recht?

28. Fall.

Vererbung des Auflassungsanspruchs bei Erbhöfen.

Die in allgemeiner Gütergemeinschaft lebenden Eheleute A haben mit dem anerbenberechtigten Sohn X einen formgerechten und gemäß § 37 Abs. III REG. vom AEG. genehmigten Hofübergabevertrag geschlossen und ihm den Hof bereits zur Bewirtschaftung übergeben. Noch vor Auflassung und Umschreibung stirbt X unter Hinterlassung eines anerbenberechtigten Sohnes X_1. Die Eheleute wollen nunmehr den Hof ihrer Tochter Y übertragen, die mit einem tüchtigen Landwirt verheiratet ist, der als Nichtanerbenberechtigter auf dem elterlichen Anwesen tätig ist. Deshalb haben die Eheleute A beantragt, festzustellen, daß sie trotz der dem X bereits erteilten Auflassungsvollmacht und der Übergabe an ihn und trotz rechtskräftiger Übertragungsgenehmigung des AEG. noch verfügungsberechtigt seien.

I. Wie ist die Rechtslage?

II. Durfte insbesondere das AEG. über den gestellten Antrag entscheiden?

29. Fall.

Freie Anerbenbestimmung.

Der Bauer A hat aus erster und aus zweiter Ehe je einen Sohn. Er schließt mit dem Sohn Y aus zweiter Ehe einen Übergabevertrag, ohne einen wesentlichen Grund zur Übergehung des Sohnes aus erster Ehe, für den im Übergabevertrag eine den Kräften des Hofes entsprechende Abfindung ausgesetzt ist, zu haben. In der Gegend ist freie Bestimmung des Anerben durch den Bauern üblich. A beantragt beim

AEG. die Genehmigung des Übergabevertrages. Dem widersetzt sich der Sohn X aus erster Ehe mit dem Hinweis, daß er nach dem REG. der Anerbe sei.

Darf das AEG. die Genehmigung erteilen?

30. Fall.

Wichtiger Grund zur Übergehung von Anerben der ersten Ordnung.

Der Bauer A hat aus erster Ehe einen 22jährigen Sohn X, aus zweiter Ehe zwei 11 bzw. 10 Jahre alte Söhne Y und Z. X wohnt seit langen Jahren in der Stadt und hat bisher auf dem Hof nicht gearbeitet. Durch eine schriftliche Erklärung vom 3. September 1935 hat er angegeben, daß er als Anerbe für den Hof nicht mehr in Frage kommen wolle und auch niemals Ansprüche auf den Hof stellen werde. Dafür hat X 3000 RM als Entschädigung erhalten.

A hat, obwohl in der Gegend Ältestenrecht gilt, seinen jüngsten Sohn aus zweiter Ehe, Z, als Anerben eingesetzt und beim Anerbengericht den Antrag auf Genehmigung des Testaments gestellt mit dem Hinweis, daß der jüngere Sohn Z der weitaus kräftigere und damit zur Landwirtschaft tauglichere sei. Y soll durch hinreichende, im Testament bestimmte Geldzahlungen sichergestellt werden. A erklärte im übrigen noch, er wolle das Testament ändern, wenn sich später herausstellen sollte, daß Y als Bauer tauglicher sei.

Rechtslage?

31. Fall.

Die Anerbenberechtigung des Unehelichen und der Verzicht auf das Anerbenrecht.

A ist Eigentümer eines Erbhofes. Im Jahre 1934 schließt er einen notariellen Hofübergabevertrag mit dem unehelichen Sohn seiner Tochter T, dem B, und beantragt beim AEG. die Genehmigung desselben. Noch vor Beendigung des Verfahrens vor dem AEG. stirbt A. Nach seinem Tode beantragt B die Übergabe an ihn zu genehmigen. Außer ihm ist noch eine eheliche Tochter der T, die T_1, vorhanden. Die

T hatte für ihre Person durch notariellen Vertrag mit A im Jahre 1935, ohne die Zustimmung ihres Ehemannes, auf ihr Anerbenrecht verzichtet.

Die T_1 ist der Meinung, daß nur eine Veräußerung nach § 37 Abs. II REG. in Betracht komme und im Genehmigungsverfahren geprüft werden müsse, ob ein wichtiger Grund zur Veräußerung an B vorliege. B, als uneheliches Kind der T, käme als Anerbe nicht in Frage, solange unter den Anerbenberechtigten eheliche Kinder vorhanden seien.

Wie ist die Rechtslage?

32. Fall.

Die Berechnung des Pflichtteils.

Der Bauer A starb am 15. September 1935. Der Erbhof ging auf den ältesten Sohn X, der durch Testament vom 8. Mai 1934 zum Anerben eingesetzt worden war, über. Den übrigen Kindern Y und Z hatte der Erblasser durch Testament vom 29. Januar 1933 den Pflichtteil entzogen. Y und Z erheben Feststellungsklage dahin, daß sie berechtigt sind, den Pflichtteil zu verlangen; außerdem beantragen sie Verurteilung des X, ihnen über den Bestand des Nachlasses Auskunft zu erteilen und ein Verzeichnis über den Bestand des Nachlasses einschließlich des Erbhofes vorzulegen und den sich danach ergebenden Betrag an die Kläger auszuzahlen.

Wird ihre Klage Erfolg haben?

33. Fall.

Das Austauschrecht.

Der Erblasser, Bauer A, hat einen Sohn S und einen Bruder B. S hat ebenfalls einen Sohn S_1; er besitzt bereits einen Erbhof. Durch letztwillige Verfügung hat A angeordnet, daß der Hof an seinen Bruder fallen soll, der ein sehr tüchtiger Landwirt ist. S meint, das Testament sei ungültig, da freie testamentarische Bestimmung in der Gegend nicht üblich sei; mindestens müsse der Hof an seinen Sohn S_1

fallen, da dieser der ersten, B aber der dritten Anerbenordnung angehöre.

I. 1. Wie ist die Rechtslage?
2. Wie, wenn B ein weiterer Sohn des A wäre?

II. Wie beurteilt sich die Rechtslage, wenn S lediglich Miteigentümer eines Ehegattenerbhofes ist?

34. Fall.

Wirkung der Entziehung der Nutzverwaltung.

Dem Bauer A ist durch Beschluß des Anerbengerichts im Januar 1937 die Nutzverwaltung seines Hofes wegen liederlicher Wirtschaftsführung entzogen worden. Die Nutzverwaltung wurde ihm auf Grund eines Antrages des Landesbauernführers auf dauernd entzogen und auf den jüngsten, 19 Jahre alten Sohn des Bauern, Y, übertragen, trotzdem in der Gegend Ältestenbrauch gilt. Die Ehefrau des A war im Jahre 1931 wegen Meineids zu einer Zuchthausstrafe rechtskräftig verurteilt worden. Der älteste Sohn X wurde deshalb nicht zum Nutzverwalter bestellt, weil er kein großes Interesse an der Landwirtschaft hat, wenig Energie besitzt und faul ist; wenngleich er noch eben bauernfähig ist, erschien dem AEG. der tatkräftigere und fleißigere jüngere Y als der geeignetste Nutzverwalter.

Im Februar 1938 stellt der Landesbauernführer beim AEG. den Antrag, zu bestimmen, daß der jüngere Sohn Y beim Tode des A auch dessen Anerbe sei.

I. Konnte die Nutzverwaltung auf Y übertragen werden?

II. Wie steht es mit der väterlichen Verwaltung und Nutznießung am Kindesvermögen?

III. Darf das AEG. dem Antrag des Landesbauernführers, Y als Anerbe zu bestimmen, stattgeben?

35. Fall.

Wirtschaftsüberwachung und Abmeierung.

Der Eigentümer A eines Hofes in Größe einer Ackernahrung hat bereits vor dem 1. Oktober 1935 seinen Hof aus

Nachlässigkeit nicht ordnungsgemäß bewirtschaftet, so daß der Hof zu dieser Zeit fast bis zur Hälfte seines Wertes verschuldet war. Seine Wirtschaftsfähigkeit wurde jedoch angenommen und der Hof im Jahre 1936 in die Höferolle eingetragen. Trotz mehrfacher Mahnungen des Kreisbauernführers versteht sich A nicht zu einer ordnungsgemäßen Wirtschaftsführung und vernachlässigt deshalb seine Schuldentilgung. Deshalb ordnet das AEG. auf Antrag des Landesbauernführers am 11. Januar 1937 die Wirtschaftsüberwachung an, und zwar zunächst auf die Dauer von zwei Jahren.

I. Welche Maßnahmen können gegen A getroffen werden, wenn sich die Wirtschaftsüberwachung nicht als geeignete Maßnahme zur Beseitigung der Mißstände erweist?

II. Welches sind die Aufgaben und Rechte des zur Überwachung bestellten Vertrauensmannes?

III. Wie gestaltet sich die Rechtsstellung des Bauers, wenn das AEG. die Wirtschaftsführung durch Treuhänder anordnet?

Aufgaben ohne Lösungen:

36. Fall.

Die Bauernfähigkeit.

A ist im Jahre 1926 wegen Unzucht mit Kindern mit 6 Monaten Gefängnis bestraft, aber später amnestiert worden. Da sein Lebenswandel auch sonst nicht gerade vorbildlich war — er trank gern und mißhandelte im Rausch häufig das Vieh —, tauchen Zweifel an seiner Bauernfähigkeit auf. Das AEG., bei dem der Kreisbauernführer die Feststellung der Bauernfähigkeit beantragt hatte, meint, es könne bei der Beurteilung dieser Frage die solange zurückliegende und überdies amnestierte Gefängnisstrafe nicht mitberücksichtigen.

I. Was ist davon zu halten?

II. Wie wäre es, wenn A im Jahre 1910 wegen Meineids rechtskräftig zu 2 Jahren Zuchthaus verurteilt worden war, aber im Kriege seine Pflicht erfüllt und den Hof immer gut geführt hat?

37. Fall.

Die gepachtete Hofstelle.

A ist Eigentümer landwirtschaftlich genutzten Bodens in der Größe einer Ackernahrung. Infolge eines Blitzschlags ist im Jahre 1932 die Hofstelle niedergebrannt. A hat sich vergeblich bemüht, den nötigen Kredit zum Wiederaufbau der Wirtschaftsgebäude zu erlangen. Seitdem bewirtschaftet er den Besitz von einer gepachteten Hofstelle aus.

I. Ist das Besitztum des A Erbhof geworden?

II. Wie wäre die Rechtslage, wenn der Grundbesitz des A durchaus in der Lage wäre, das für den Neuaufbau der Hofstelle benötigte Kapital zu amortisieren und zu verzinsen?

III. Würde das AEG. zur Kapitalbeschaffung die Eintragung einer Hypothek im Falle II genehmigen können?

38. Fall.

Gutgläubiger Erwerb und Ersitzung von Erbhofgrundstücken.

X war durch einen Irrtum des Grundbuchrichters versehentlich als Eigentümer eines dem Bauern B gehörigen Grundstückes, das zu dessen Hof gehörte, ins Grundbuch eingetragen worden. Er selbst hat davon nichts erfahren. Nach seinem Tod veräußert sein Sohn und einziger Erbe S, nachdem er auf Grund der Vorlage eines Erbscheins als neuer Eigentümer des Grundstücks im Grundbuch eingetragen worden war, das Grundstück an den X. Weder S noch X kannten den Sachverhalt. Ein Erbhofvermerk im Grundbuch fehlte.

I. Ist X Eigentümer des Grundstücks geworden?

II. Könnte er es ersitzen?

39. Fall.

Belastung des Erbhofes.

A ist Eigentümer eines Erbhofes. Dieser ist seit dem Jahre 1929 mit zwei Hypotheken belastet. An erster Rangstelle steht eine Buchhypothek zur Sicherung eines Darlehens des X in Höhe von 8000 *RM*, an zweiter Stelle eine Höchstbetragshypothek in Höhe von 10000 *RM* zugunsten des Y.

I. Könnte A, wenn er im Jahre 1937 den Darlehensgläubiger X befriedigt, die freigewordene Rangstelle wieder zur dinglichen Sicherung eines neu aufzunehmenden Kredits verwenden? Eventuell mit Zustimmung des AEG.?

II. Könnte A die Höchstbetragshypothek in eine mit 4 v. H. verzinsliche Darlehenshypothek umwandeln?

III. Könnte A sich in einer öffentlichen Urkunde der

sofortigen Zwangsvollstreckung wegen einer auf seinem Hof ruhenden Hypothek unterwerfen?

40. Fall.

Der Unterhaltsanspruch.

Der Bauer A ist im Jahre 1937 unter Hinterlassung eines Sohnes, des Anerben B, und einer Tochter C gestorben. Die C ist ledig, arbeitet auf dem Hof und hat ein uneheliches Kind im Alter von drei Jahren; der Vater ist nicht festgestellt worden.

B weigert sich, dem unehelichen Kind seiner Schwester C Unterhalt zu gewähren und verlangt Unterbringung des Kindes in eine auswärtige Pflegestelle auf Kosten der vermögenslosen C.

Ist der Standpunkt des C gerechtfertigt?

41. Fall.

Unterhaltspflicht und Übergabe.

Dem Anerben A ist im Jahre 1936 der Erbhof seines Vaters angefallen. Auf dem Hof leben noch seine 12 Jahre alte Schwester, seine Mutter und ein sechsjähriger unehelicher Sohn einer bereits im Jahre 1934 verstorbenen Schwester. Da A den Hof nicht behalten will, er selbst aber ohne Abkömmlinge ist, will er den Hof seinem Bruder B übertragen, der ein tüchtiger Landwirt ist.

I. Kann das AEG. die Übergabe auf B genehmigen?
II. Wie steht es mit der Unterhaltspflicht nach Erbhofrecht?

42. Fall.

Die Heimatzuflucht.

Der Bauer A ist im Jahre 1931 gestorben und wurde nach dem in der Gegend herrschenden Anerbenbrauch von seinem ältesten Sohn B beerbt. Zwei weitere Söhne haben bereits im Jahre 1924 bzw. 1929 eine ausreichende Ausstattung erhalten. X, einer der beiden Brüder des B, wurde im Jahre 1936 hilfsbedürftig, nachdem er durch geschäftliche Mißerfolge sein Vermögen verloren hatte.

Er möchte für sich und seine Familie das Heimatzufluchtsrecht des § 30 REG. in Anspruch nehmen.

Steht es ihm zu?

43. Fall.

Versorgungsanspruch bei mehreren Erbhöfen.

Der Bauer A starb am 4. Februar 1937 und hinterließ zwei Erbhöfe, die die Söhne B und C erhielten. Der an B gefallene Hof hat einen Wert von 60000 *RM*, der an C gefallene nur einen solchen von 20000 *RM*. Die überlebende Ehefrau und eine noch nicht ausgestattete minderjährige Tochter leben auf dem Hof des C, der wenig abwirft. Sie verlangen von C, daß er ihnen Unterhalt gewähre wie es dem Wert der beiden Erbhöfe, zusammengenommen, entspräche.

Ist ihr Verlangen gesetzlich begründet?

44. Fall.

Das Altenteil.

In einem Übergabevertrag wurde zwischen den Eheleuten A, die Miteigentümer eines Erbhofes sind, und dem Anerben vereinbart, daß die Altsitzer ihr Altenteil nach ihrem Belieben auf dem Hof verzehren oder auch in bar verlangen könnten. Als Betrag für ein jährliches Altenteil wurden 2000 *RM* vereinbart. Der Hof besitzt nur eine Größe von 11 ha mittleren Landes.

Wird das AEG. den Übergabevertrag genehmigen? Was kann es tun, wenn die Übergabe durchaus erwünscht ist?

45. Fall.

Teilung des Hofes.

Der Bauer A besitzt einen Erbhof in Größe von 90 ha. Er hat zwei Söhne X und Y. Der ursprünglich nur 55 ha große Hof war durch Hinzuerwerb eines benachbarten Hofes nebst Hofstelle, die jetzt noch vorhanden ist, und von der aus auch die Bestellung des erworbenen Grundbesitzes aus Zweckmäßigkeitsgründen heute noch erfolgt, im Jahre 1931 auf seine jetzige Größe gebracht worden.

A möchte nun den im Jahre 1931 hinzuerworbenen Teil seinem nicht anerbenberechtigten Sohn Y übertragen, zumal die Teilung zwei Erbhöfe zur Entstehung bringen würde.

I. Wird ihm das möglich sein?

II. Wie wäre es, wenn der Hof des A kein Erbhof wäre, weil er die Höchstgrenze überschreitet, indessen mit über 70 v. H. seines Einheitswertes verschuldet wäre?

46. Fall.

Die Nachlaßverwaltung.

Durch Erbfall gelangt A im Jahre 1937 in den Besitz eines Erbhofes, der erheblich verschuldet war. A beantragt, um nicht mit seinem eigenen Vermögen von den Nachlaßgläubigern in Anspruch genommen zu werden, Anordnung der Nachlaßverwaltung. Das Nachlaßgericht hat gegen die Anordnung Bedenken und meint, dies könne nur mit Genehmigung des AEG. erfolgen.

Ist dem beizupflichten?

47. Fall.

Verhältnis des REG. zum Anfechtungsgesetz.

Der Villenbesitzer X hat Anfang des Jahres 1936 dem Bauern B ein angrenzendes Grundstück veräußert, als dessen Eigentümer auch B am 22. Juli 1936 ins Grundbuch eingetragen wurde. Ein Gläubiger (Y) des X ficht durch Klage die Veräußerung des Grundstückes wegen Gläubigerbenachteiligung an. B macht geltend, das Grundstück habe die Erbhofeigenschaft erlangt.

Darf das Prozeßgericht über die Anfechtungsklage des Y entscheiden?

Wie ist vorzugehen?

48. Fall.

Anerbenbestimmung durch die Ehefrau.

Zwischen den Eheleuten A besteht allgemeine Gütergemeinschaft, deren Fortsetzung im Ehevertrag ausgeschlossen war. Zum Gesamtgut gehörte ein Erbhof von 45 ha. Einen Teil desselben (22 ha) nebst Hofstelle hat die Ehefrau in die Ehe mitgebracht. Der Rest gehörte bei Eheschluß dem Manne. Die Ehefrau, die mit den Verwandten ihres Mannes nicht in bestem Einvernehmen lebt, möchte vermeiden, daß der Hof einmal an die Sippe desselben fällt. Sie bestimmt daher in einer letztwilligen Verfügung, daß der Hof beim Tode des Mannes an sie selbst als Anerbin fallen solle. Für den Fall, daß sie vor ihrem Manne sterben sollte, bestimmt sie ihre aus erster Ehe stammende Tochter T als Anerbin.

Kann das AEG. die beantragte Genehmigung erteilen? Evtl. unter welchen Voraussetzungen?

49. Fall.

Auseinandersetzung einer Miterbengemeinschaft. Belastung des Hofes.

Durch Todesfall gelangten im Jahre 1932 die drei Kinder des Erblassers X, Y und Z in den Besitz eines 100 ha großen Hofes, der die sachlichen Voraussetzungen eines Erbhofes besitzt. Im Frühjahr 1933 schließen die Miterben einen formgerechten Auseinandersetzungsvertrag. Danach soll der älteste Bruder X den Hof erhalten; die Auflassung wurde gleichzeitig bewilligt. Die beiden Geschwister Y und Z sollten je 30000 *RM* Abfindung erhalten, für die zwei Buchhypotheken am Hof eingetragen werden sollten. Der Notar, vor dem der Auseinandersetzungsvertrag abgeschlossen worden war, beantragte im Frühjahr 1934 die Eintragung des X als Eigentümer im Grundbuch und bewilligte gleichzeitig als Vertreter des X die Eintragung der beiden Hypotheken für Y und Z.

Kann dem Antrag vom Grundbuchamt stattgegeben werden?

50. Fall.

Vorerbschaft und Nacherbschaft beim Erbhof.

Der Bauer A hat in einem im Jahre 1920 errichteten Testament seinen ältesten Sohn zum Vorerben seines Hofes eingesetzt und bestimmt, daß nach dem Tode desselben der Hof auf den ältesten Sohn des Vorerben übergehen solle. In der Gegend gilt Ältestenrecht. Im Jahre 1937 stirbt A.

Wer bekommt den Hof?

Welche Möglichkeiten bestehen?

Die Lösungen:

1. Fall.
Beginn der Erbhofeigenschaft.

Lösung:

Es ist unerheblich für die Entscheidung, ob die ursprünglich (1. Oktober 1933) im Eigentum des A stehenden landwirtschaftlich genutzten 7 ha die Größe einer Ackernahrung (über den Begriff vgl. Fall 2) besaßen. Selbst wenn die Voraussetzungen einer Ackernahrung im Augenblick des Inkrafttretens des REG. nicht vorgelegen haben, ist die Besitzung des A am 22. Dezember 1936 Erbhof geworden, wobei unterstellt wird, daß die sonstigen sachlichen und persönlichen Merkmale der Erbhofeigenschaft in diesem Augenblick vorgelegen haben: §§ 1 ff. REG. Entscheidend ist auch nicht, ob die Besitzung vorher in die Erbhöferolle eingetragen war oder nicht, da der Eintragung in die Höferolle keinerlei rechtsbegründende Wirkung zukommt (§ 1 Abs. III REG.); sie dient lediglich der Erleichterung der Feststellung der Erbhofeigenschaft oder ihres Mangels; ist ein Hof in die Höferolle eingetragen, dann gilt die positive Vermutung, daß das eingetragene Grundstück Erbhof sei, und umgekehrt: ist ein Grundstück nicht in die Höferolle eingetragen, so gilt die negative Vermutung, daß das Grundstück die Erbhofeigenschaft nicht besitze (§ 32 Abs. I u. II EHVfO.). Beide Vermutungen sind widerlegbar; es sind lediglich Beweislastregelungen!

Die Besitzung des A ist also am 22. Dezember 1936 Erbhof geworden und zwar gemäß §§ 1 Abs. I, II; 2 Abs. I, II REG. (Wagemann-Hopp Komm. 1935, Anm. 7 zu § 1 REG., S. 67); nicht gemäß § 1 EHRV., da diese Vorschrift ihrem Wortlaut nach nur für die Fälle der künftigen Entstehung von Erbhöfen gilt, also für die Entstehung nach dem

22. Dezember 1936 (Tag des Inkrafttretens der EHRV. ist der 23. Dezember 1936: § 55 EHRV.).

Anmerkung: Eine nicht in die Höferolle eingetragene Besitzung wird Erbhof auch dann, wenn die Eintragung in die Erbhöferolle etwa wegen Anzweiflung der Bauernfähigkeit und mangels Entscheidung des schwebenden Feststellungsverfahrens noch nicht erfolgt war, sogar dann, wenn eine Schuldbelastung an sich die ordnungsmäßige Bewirtschaftung erschwert. (Zimmer, Die Rechtsgesch. d. Erbhofrechts, II. Aufl. 1937, S. 31 ff.; dortf. Weiteres.)

2. Fall.

Die Ackernahrung.

Lösung:

Vgl. zu vorl. Fall REHGer. v. 3. Mai 1937 = REHG. 4, 114 = JW. 1937 S. 2139.

Entscheidend ist, ob die 9,5 ha sich als Ackernahrung im Sinne des § 2 Abs. II REG. darstellen. Es muß sich um land- oder forstwirtschaftlich genutztes Grundeigentum handeln, das mindestens zur Ernährung und Erhaltung einer selbst darauf arbeitenden bäuerlichen Familie für die Dauer ausreicht, wobei es nicht auf den notdürftigen Unterhalt, auch nicht auf den Bedarf der jetzt auf dem Hofe wirtschaftenden, vielleicht besonders anspruchslosen kleinen Familie abzustellen ist, wo vielmehr ein objektiver Maßstab angelegt werden muß. Der Ertrag muß zum standesgemäßen Unterhalt einer ordentlich wirtschaftenden Bauernfamilie, zu der mindestens 3 oder 4 Kinder gehören, ausreichen (Rsp. vgl. bei Hopp, Anm. 2 zu § 2 REG.). Darüber hinaus muß der Hof aber noch so viel abwerfen, daß seine planmäßige Bewirtschaftung auch bei vorübergehenden Notzeiten möglich bleibt und daß ständig die nach vernünftigen betriebswirtschaftlichen Grundsätzen erforderlichen Ergänzungen an Inventar, Gebäudeerneuerungen usw. daraus gezahlt werden können. Auch müssen die Erträge so groß sein, daß — wenn auch nur in bescheidenem Maße — Rücklagen für die Ausbildung und die Ausstattung weichender Erben gebildet werden können.

Es kann nun keinem Zweifel unterliegen, daß auch der Hopfenbau landwirtschaftliche Nutzung ist (REHGer. in o. zit. Entsch.). Andererseits ist der Hopfenbauer auf den Marktabsatz angewiesen, so daß für den Hopfenbau die in § 2 Abs. II REG. geforderte Marktunabhängigkeit nicht gegeben ist. Trotzdem ist an dem Vorhandensein einer Ackernahrung nicht zu zweifeln, zumal es sich um guten Hopfenboden handelt, der in einer Gegend liegt, in der der Anbau bodenständig ist und die Marktregelung angemessene Preise gewährleistet. Auch wenn der Markt einmal durch Krisen usw. für Hopfen vorübergehend verstopft sein sollte, gewährleistet der gute, für einen kleinen gesunden Erbhof ausreichende Viehbestand mindestens vorübergehend (was genügt!) die Erhaltung der bäuerlichen Familie und die Wirtschaftssicherung des Hofes, da allzustrenge Maßstäbe an die Marktunabhängigkeit nicht angelegt werden dürfen (Weinbau!) und der Hof immerhin trotz Krisen usw. bisher die bäuerliche Familie, ohne daß Schulden gemacht werden mußten, glatt durchgebracht hat.

3. Fall.

Das Feststellungsverfahren.

Lösung:

I. 1. Über die Erbhofeigenschaft ist im gegebenen Falle im Rahmen des Feststellungsverfahrens nach § 10 REG. zu entscheiden. In Erweiterung dieser Gesetzesstelle bestimmt § 54 EHVfO., daß der Antrag auf anerbengerichtliche Entscheidung über die Erbhofeigenschaft auch von demjenigen gestellt werden kann, der ein rechtliches Interesse an der Feststellung nachweist. Ein rechtliches Interesse kann nur dann vorliegen, wenn die vom AEG. zu entscheidende Frage für die Rechtsstellung des Antragstellers von Bedeutung ist (h. L. und Rechtspr.). Dies ist für den Gläubiger grundsätzlich und regelmäßig der Fall, da er seinen Rechtsanspruch (Geldforderung) grundsätzlich nur dann im Wege der Zwangsvollstreckung durchzusetzen vermag, wenn der Hof des Schuldners kein Erbhof ist (vgl. § 38 Abs. I REG.). (Über die

Möglichkeit der Vollstreckung in Forderungen vgl. § 37 EHRV.).

2. Darüber, ob ein Feststellungsinteresse als nachgewiesen zu erachten ist, entscheidet ebenfalls das AEG. Nach ständiger Rechtsprechung gilt der Nachweis als geführt, wenn der Antragsteller (Gläubiger des Eigentümers) einen Schuldtitel oder sonstige Urkunden vorlegt, aus der sich das Bestehen des Gläubigerrechts unzweifelhaft ergibt, insbesondere aber in allen den Fällen, wo sich, wie im vorliegenden Fall, das Gläubigerrecht aus dem Grundbuch ergibt.

II. 1. Nach § 32 Abs. I EHVfO. begründet die Eintragung in die Höferolle die Vermutung, daß der eingetragene Grundbesitz die Erbhofeigenschaft besitze, mithin also auch eine Ackernahrung darstelle. Da diese Vermutung widerleglich ist, müßte der die Beweislast tragende Gläubiger den Nachweis führen, daß das Vorhandensein der Ackernahrung (§ 2 Abs. I, II REG.) bei Aufnahme des Hofes in die Höferolle irrigerweise angenommen wurde oder daß durch Veränderung der natürlichen Verhältnisse die Leistungsfähigkeit des Hofes unter eine Ackernahrung gesunken sei.

2. Gemäß § 2 Abs. II REG. ist eine Ackernahrung diejenige Menge Land, die erforderlich ist, um eine Familie unabhängig vom Markt und der allgemeinen Wirtschaftslage zu ernähren und zu bekleiden, sowie den Wirtschaftsablauf sicherzustellen. Verschiedene im Sachverhalt erwähnte Gründe können Zweifel an der Erbhofeigenschaft des Hofes entstehen lassen.

Zunächst umfaßt das ganze Besitztum nur 10 ha landwirtschaftlich genutztes Land. Die geringe Größe spricht indessen keineswegs allein gegen die Erbhofeigenschaft. Ein Teil der zum Hofe gehörigen Grundstücke ist jedoch „wenig ertragreich"; es handelt sich also keineswegs — insgesamt gesehen — um einen Hof zwar geringer Größe, aber besonderer Ergiebigkeit des Bodens. Das ist aber ebenfalls nicht entscheidend, denn es kommt allein darauf an, daß der Grundbesitz so groß ist, daß er wenigstens zur Ernährung und Erhaltung der selbst auf ihm arbeitenden bäuerlichen Familie ausreicht, und zwar auf die Dauer. Der Sachverhalt läßt es offen, ob A, der Eigentümer des Hofes, Familie, d. h. mindestens Frau und Kinder, hat. Für A allein mag der Hof eine gute und sichere Existenz bieten. Das genügt jedoch schon nach dem Wortlaut (aber auch nach dem Sinn) des Gesetzes nicht, denn dies spricht von „Familie". „Es ist nicht auf den notdürftigen Unterhalt, auch nicht auf den Bedarf der jetzt auf dem Hofe wirtschaftenden, vielleicht besonders anspruchslosen kleinen Familie abzustellen; zugrundezulegen ist vielmehr ein objektiver Maßstab: Reicht der Ertrag zum standesgemäßen Unterhalt einer ordentlich wirtschaftenden Bauernfamilie, zu der mindestens 3 oder 4 Kinder gehören, aus?" (zit. n. Wagemann-Hopp, Anm. 2 zu § 2, S. 71; dortselbst Rechtspr. zit.).

Es ist also Tatfrage, ob das Gericht das Vorliegen der Ackernahrung und damit die Erbhofeigenschaft bejahen oder verneinen wird.

Anmerkung: 1. Beachte für die Frage der Rechtskraft des Beschlusses nach § 10 REG. die Bestimmung des § 56 EHRB.

2. Die Entscheidung des AEG. über die Erbhofeigenschaft nach § 10 REG. bindet das ordentliche Gericht (§ 40 Abs. II REG.); dieses muß gegebenenfalls die Verhandlung in dem vor ihm schwebenden Rechtsstreit nach § 148 ZPO. aussetzen.

4. Fall.

Miteigentumsanteile und Ackernahrung.

Lösung:

Vgl. zu vorl. Fall REHGer. v. 21. März 1937 = REHG. 4, 81 = JW. 1937 S. 2139.

I. Gemäß § 4 Abs. I, 2 EHRB. gehören Miteigentumsanteile an einem Grundstück, sofern sie dem Erbhof dienen, zum Erbhof, falls diese Anteile im Verhältnis zu dem sonstigen den Erbhof bildenden Grundbesitz von untergeordneter Bedeutung sind. Die Frage, ob durch einen solchen Anteil die Ackernahrung als Grundlage für die Erbhofeigenschaft begründet werden kann oder ob bereits ohne den Anteil eine Ackernahrung vorhanden sein muß, um einen Erbhof entstehen zu lassen, war bisher streitig, da sich die Erbhofgrundstücke ja (abgesehen von den Fällen der §§ 17 ff. EHRV.) im Alleineigentum einer bauernfähigen Person befinden müssen und man sie vor dem Inkrafttreten der EHRV. (23. Dezember 1936) lediglich der Gruppe „ähnliche dem Erbhof dienende Rechte" i. S. des § 2 DVO. II zurechnen konnte, was immerhin zweifelhaft erscheinen mochte. Trotzdem können auch nach der Regelung in § 4 Abs. I, 2 EHRV. noch Zweifel bestehen, da im Miteigentum stehender Grundbesitz der Gefahr unterliegt, daß der andere Miteigentümer die Auseinandersetzung (§ 749 BGB.) verlangt, wodurch die Erbhofeigenschaft in Frage gestellt werden könnte, wenn dadurch die Ackernahrung in Fortfall kommt.

II. Dieses Bedenken vermag indessen bei der Beurteilung der Frage nicht durchzuschlagen, da auch eine Veräußerung des Miteigentumsanteils in der Teilungsversteigerung nur möglich ist, wenn das AEG. seine Genehmigung erteilt (§ 37 Abs. II REG. muß also auch hier gelten; zust. REH.-Ger. i. ob. zit. Entsch. u. Hopp, EHRV. u. EHVfO. Bln. 1937, Anm. 6 zu § 4 EHRV.).

5. Fall.

Der Erbhof als Wirtschaftseinheit.

Lösung:

Vgl. z. d. Fall REHGer. v. 10. Nov. 1936 = REHG. 3, 314 = JW. 1937 S. 10003 f.

I. Fest steht, daß Hof I und Hof II je eine selbständige Ackernahrung darstellen und bis zum Erwerb des zweiten Hofes auch zwei selbständige Höfe gewesen sind. Daran hat sich durch Hinzuerwerb des zweiten Hofes nichts geändert. Da der Hof II nicht ständig durch Verpachtung genutzt wird, ist er am 1. Oktober 1933 Erbhof geworden (§§ 1, 2 REG.).

Hof I stand zu dieser Zeit im Alleineigentum der Mutter des A, Hof II im Alleineigentum des A.

II. Gegen diese Ansicht spricht auch nicht die Tatsache, daß Teile des Hofes II am 1. Oktober 1933 regelmäßig von Hof I aus bewirtschaftet wurden und noch heute bewirtschaftet werden. Zwar können zu einem Erbhof auch Grundstücke gehören, die nicht im Eigentum des Bauern stehen, die aber von diesem erworben werden sollen und von ihm bereits bewirtschaftet werden. Dies ist aber bei den seit 1932 von Hof I aus bewirtschafteten Grundstücken des Hofes II nicht der Fall, da sie durch die Bewirtschaftung von Hof I aus nicht aus der Wirtschaftseinheit des Hofes II ausgeschieden sind. Die Bewirtschaftung dieser Grundstücke von Hof I aus erfolgte im Rahmen eines vorübergehenden Zustandes, wofür der Umstand spricht, daß die Gebäude des Hofes II zur Bewirtschaftung der zu ihm gehörigen Grundstücke herangezogen werden müssen, die des Hofes I also nicht zur Mitbewirtschaftung des Hofes II ausreichen. Dies gilt ganz und gar von den von A nicht bewirtschafteten, verpachteten, zum Hofe II gehörigen Grundstücken, die sogar noch den „größten Teil" des Hofes II bilden.

III. Aber selbst wenn angenommen würde, wenigstens die von Hof I aus tatsächlich bewirtschafteten Grundstücke des Hofes II gehörten wirtschaftlich gesehen zum Hofe I, kann nicht angenommen werden, daß diese Grundstücke zum Erbhof I gehören: wirtschaftlich zusammenhängender Grundbesitz, der am 1. Oktober 1933 teils im Eigentum des Hofeigentümers (Mutter des A), teils im Eigentum des Anerben A gestanden hat, kann deshalb bei der Prüfung der Erbhofeigenschaft nicht zusammengerechnet werden, weil dies über die vom Gesetz selbst vorgesehenen Fälle hinaus eine weitere Durchbrechung des Grundsatzes darstellen würde, daß der Hof am 1. Oktober 1933, wenn er Erbhof werden sollte, sich im Alleineigentum einer bauernfähigen Person befunden haben muß (§ 17 REG.): (Ausnahmen bilden nur die §§ 17 ff. EHRV.; so auch REHGer. in oben zit. Entsch.).

IV. Dagegen ist die niemals von Hof II aus bewirtschaftete Wiese Bestandteil des Hofes I geworden, jedoch nicht vom 1. Oktober 1933 ab, weil sie nicht der damaligen Eigentümerin gehörte (§ 7 REG.). Erst mit Erwerb des Hofes I durch den Anerben A (Tod der Mutter im Jahre 1934) ist die Wiese Bestandteil des Hofes I geworden, da unterstellt werden kann, daß sie — wie bisher — auch in Zukunft von diesem Hof aus bewirtschaftet werden soll.

6. Fall.

Erbhof und Eigentum am Zubehör.

Lösung:

I. 1. Ja! Sofern die Ackernahrung auch dann gegeben ist, wenn ohne das im Eigentum der Ehefrau stehende Hofesinventar (Zubehör i. S. der §§ 97 ff. BGB.) der Hof ertragreich genug ist, eine bäuerliche Familie ausreichend zu ernähren und zu bekleiden und den Wirtschaftsablauf des Hofes sicherzustellen. Die Ackernahrung ist also dann gegeben, wenn es möglich wäre, aus den Überschüssen des Hofes das Inventar (Vieh, Maschinen, Hausgerät usw.) nach und nach zu ersetzen. Da die Hofstelle vorhanden ist, steht der Erbhofeigenschaft des im Eigentum des A befindlichen landwirtschaftlichen Grundbesitzes nichts im Wege.

2. Die Erbhofeigenschaft erstreckt sich jedoch nicht auf die im Eigentum der Frau stehenden Zubehörstücke; hier besteht also eine Abweichung vom BGB., wo es für die Zubehöreigenschaft gleichgültig ist, in wessen Eigentum sie stehen (vgl. RGRKomm. Erl. 1 zu § 97). Diese Abweichung erklärt sich daraus, daß die §§ 19, 37, 38 u. a. m. REG. sich begrifflich nur auf Zubehörstücke beziehen können, die dem Bauer gehören (vgl. dazu EHG. Jena vom 23. März 1935 = EHRsp. § 8 Nr. 3 und Vogels, Bem. 28 zu § 7 REG.).

II. Ausgeschlossen ist es, den Hof als Ehegattenerbhof i. S. des § 18 EHRV. anzusehen. Die Entstehung eines Ehegattenerbhofes setzt in jedem Falle voraus, daß jeder Ehegatte Eigentümer von Land ist (LEHG. Celle vom 13. Sept. 1934 = JW. 1934 S. 2928; vgl. auch OLG. Düsseldorf vom 31. Juli 1935; Vogels, Bem. 12 zu § 18 EHRV.).

7. Fall.

Bedeutung des Stichtages 23. Dezember 1936.

Lösung:

Es ist zunächst kein Erbhof entstanden, weder am 1. Oktober 1933, noch am 21. Dezember 1933 (dem Tage des Inkrafttretens der DVO. II), da eine Ackernahrung zu diesen

Zeitpunkten nicht vorhanden war (§ 18 Abs. I Ziff. 1 EHRV.). Dagegen sind die Voraussetzungen der Entstehung eines Ehegattenerbhofes gemäß § 18 Abs. II EHRV. nach dem Hinzuerwerb der weiteren 2 ha durch den Mann (erfolgt im Januar 1934) gegeben, so daß das gesamte Besitztum der Eheleute am 23. Dezember 1936 Erbhof geworden ist (§ 55 EHRV.: Verkündung am 23. Dezember 1936).

8. Fall.

Einspruchsversäumnis und Beschwerde.

Lösung:

Vgl. zu vorl. Fall REHGer. v. 28. Mai 1936 = REHG. 2, 355 = JW. 1936 S. 2718.

I. Einspruch gegen die Aufnahme des Hofes des A in das gerichtliche Verzeichnis (§ 35 EHVfO.) ist weder von A (§ 36 EHVfO.), noch vom Kreisbauernführer (§ 39 EHV.-fO.) eingelegt worden. Die Einspruchsfristen sind für beide nunmehr verstrichen, trotzdem aus tatsächlichen Gründen noch keine Eintragung in die Höferolle stattgefunden hat.

II. Gemäß § 56 Abs. I i. V. m. § 56 Abs. II EHVfO. kann, wenn im Verfahren zur Anlegung der Erbhöferolle über den Einspruch gegen die Eintragung oder Nichteintragung eines Grundstückes eine sachliche Entscheidung ergangen ist, ein neuer Antrag auf Entscheidung über die Erbhofeigenschaft desselben Grundstückes nur gestellt werden, wenn er auf Tatsachen gestützt wird, die nicht in dem früheren Verfahren geltend gemacht wurden und auch nicht geltend gemacht werden konnten (Ausnahme vgl. § 56 Abs. III). Damit ist dem bisher über die Frage des Unterschieds zwischen Anlegungs- und Feststellungsverfahren herrschenden Streit in Rechtsprechung und Lehre ein Ende bereitet worden. Zwischen beiden Verfahren besteht nach dem Willen des Gesetzgebers ein wesentlicher Unterschied nicht (vgl. EHVfO. § 32 Abs. IV, § 40 Abs. I 2, §§ 55—58). Daher steht eine im Anlegungsverfahren ergangene sachliche Entscheidung einem auf alte Tatsachen gestützten Antrag derselben Beteiligten entgegen.

III. In vorliegendem Falle kann jedoch ein Feststellungsverfahren nach § 10 REG. Platz greifen, da im Anlegungsverfahren eine sachliche Entscheidung nicht ergangen ist, weil überhaupt kein Einspruch eingelegt war (vgl. Vogels, Bem. 9 zu § 56 EHVfO.). Der Kreisbauernführer kann in diesem Verfahren auch solche Tatsachen vorbringen, die er, hätte er davon Gebrauch gemacht, im Einspruchsverfahren hätte geltend machen können.

9. Fall.

Erbhöfe über 125 ha.

Lösung:

I. 1. Die Erbhofeigenschaft des Besitztums des A steht fest (§§ 1, 2 REG.), da auch die Höchstgrenze zunächst nicht überschritten wurde (§ 3 REG.). Jeder Hinzuerwerb von Land bis zur Höchstgrenze erlangt ohne weiteres kraft Gesetzes Erbhofeigenschaft (§ 7 Abs. 1 REG.; vgl. auch EHG. Oldenburg vom 4. Juni 1934 = EHRsp. § 37d Nr. 6). Wenn der Bauer das ausschließen will, muß er vom AEG. genehmigen lassen (§ 27 Abs. II EHRV.), daß der Neuerwerb keine Erbhofeigenschaft erhält.

2. Es gilt aber auf jeden Fall die in § 3 REG. festgesetzte Höchstgrenze von 125 ha auch für den Zuerwerb. Daraus folgt, daß derjenige Teil des Neuerwerbs, der die Höchstgrenze von 125 ha überschreitet, zunächst erbhoffrei bleibt. Selbstverständlich bleibt die Erbhofeigenschaft des Erbhofes, zu dem Land hinzuerworben wird, unberührt (EHG. Zweibrücken vom 23. Nov. 1934 = EHRsp. DV I § 60 Nr. 1).

Da im vorliegenden Fall A durch den Hinzuerwerb von 10 ha seinen Hof auf die Größe von insgesamt 130 ha gebracht hat und hierdurch die Höchstgrenze überschritten wird, kann nicht der ganze Zuerwerb ohne weiteres Erbhofeigenschaft erlangen. Allerdings könnten von den hinzuerworbenen 10 ha 5 ohne besondere Genehmigung zum Erbhof kommen. Da aber nicht gesagt ist, daß A die Grundstücke nach und nach erworben hat, ist anzunehmen, daß er sie auf einmal erworben hat. Bevor also festgestellt werden kann, welche Grundstücke zum Erbhof gelangen, muß mit Vogels angenommen werden, daß zunächst das ganze hinzuerworbene Stück erbhoffrei bleibt (vgl. Vogels, Bem. 2 zu § 2 EHRV.), da solange als der Eigentümer nicht 5 ha irgendwie bezeichnet hat, es an einem mit ausreichender Sicherheit bestimmbaren Gegenstand fehlt, dem die Erbhofeigenschaft kraft Gesetzes beigelegt werden könnte. Dem ist unbedingt beizupflichten.

Will A den gesamten Zuerwerb an der Erbhofeigenschaft teilnehmen lassen, so muß er gemäß § 44 EHVfO. ein Befreiungsgesuch an den Reichsernährungsminister richten.

II. Ist dem A gemäß § 5 REG. Befreiung von der Wirkung des § 3 REG. erteilt und damit sein Hof Erbhof geworden (Beginn der Erbhofeigenschaft mit Zustellung der Entscheidung des RErnMin. an den Eigentümer: § 45 EH.-VfO.), dann erstreckt sich die Erbhofeigenschaft nicht ohne weiteres auf den Hinzuerwerb. Vielmehr müßte auch in diesem Falle gemäß § 2 Abs. II EHRV. i. V. m. § 5 REG. Befreiung erteilt werden.

10. Fall.

Hofverpachtung und Erbhofeigenschaft. Bauernfähigkeit.

Lösung:

I. Fest steht, daß A am 1. Oktober 1933 infolge seiner schweren Kriegsverletzungen nicht mehr in der Lage war, den Hof selbst zu bewirtschaften. Gemäß § 15 Abs. I REG. muß jedoch, damit die Bauernfähigkeit angenommen werden kann, auch die Fähigkeit gegeben sein, den Hof ordnungsgemäß zu bewirtschaften. Indessen dürfen im Interesse der Entstehung möglichst vieler Erbhöfe die Anforderungen, die an die Wirtschaftsführungsfähigkeit der am 1. Oktober 1933 im Alleineigentum eines Hofes in Größe einer Ackernahrung befindlichen Personen gestellt werden, nicht allzustrenge sein. Dies gilt insbesondere für natürliche Alterserscheinungen und Krankheiten des Bauern; ansonsten würden viele Höfe wegen des zufälligen Umstandes, daß der Bauer am Stichtag alt oder krank war, dem Erbhofgesetz entzogen (Vogels, Bem. 28 zu § 15 REG.). Auch dauernde Arbeitsunfähigkeit des Bauern infolge Krankheit (ErbhofGer. Celle vom 17. Mai 1934 = EHRsp. § 1 Abs. II Nr. 26), Unfähigkeit zur körperlichen Arbeit infolge von Kriegsverletzungen (REHGer. vom 19. Okt. 1934 = JW. 1935 S. 129), starke Behinderung infolge Lähmung (ErbhofGer. Celle vom 7. Nov. 1934 = JW. 1935 S. 130) sind nicht unbedingt Gründe, die zur Verneinung der Wirtschaftsfähigkeit führen müssen. Jedenfalls ist die Fähigkeit der körperlichen Arbeit des Eigentümers nicht Voraussetzung, wenn er nur die Fähigkeit besitzt, den Betrieb zu überwachen, was in der Rechtsprechung auch für den Fall eines fast erblindeten Hofbesitzers bejaht wurde (EHRsp. § 15 Nr. 56).

Daher ist auch für vorliegenden Fall festzustellen, daß die Tatsache der Erblindung und die sonstigen körperlichen Behinderungen des A nicht notwendig Gründe sein müssen, seine Bauernfähigkeit wegen mangelnder Wirtschaftsfähigkeit zu verneinen, zumal auch der Grund seiner körperlichen Behinderung (Kriegsverletzung) es angebracht erscheinen läßt, den noch vorhandenen geistigen Fähigkeiten des A ausschlaggebende Bedeutung zuzuerkennen. Nur wenn auch diese infolge Krankheit oder Alters so stark herabgemindert waren, daß er nicht einmal mehr in der Lage war, einen (oder wenigstens seinen!) Hof zu überwachen, wäre die Wirtschaftsfähigkeit zu verneinen.

II. Jedoch ist mit der Feststellung der Bauernfähigkeit des A die Erbhofeigenschaft des Familienhofes noch nicht bejaht, da der Hof bereits seit 15 Jahren verpachtet war und auch im Zeitpunkt des Inkrafttretens des Erbhofgesetzes am 1. Oktober 1933 der Pachtvertrag noch lief. Gemäß § 1 Abs. II REG. sind Höfe, die ständig durch Verpachtung genutzt werden, keine Erbhöfe. Eine solche ständige Verpachtung liegt vor, wenn sie von einer gewissen Dauer ist und nach dem Willen des Verpächters für sich und seine Familie eine Verbundenheit mit der Scholle überhaupt nicht hergestellt werden, oder, wenn sie einmal bestanden hat, dauernd aufgegeben werden soll (REHGer. vom 23. Juli

1934 = JW. 1934 S. 2296). Es kommt daher nicht nur auf die Dauer der Verpachtung an, sondern ganz entscheidend auch auf die Beweggründe, die den Eigentümer bei der Verpachtung bestimmt haben (REHGer. vom 19. Okt. 1934 =REHRsp. § 49 Nr. 8). Das ist auch für den vorliegenden Fall von ausschlaggebender Bedeutung.

A wollte die Verbundenheit mit seinem Hof, als er diesen auf 15 Jahre verpachtete, nicht aufgeben, zumal er ein alter Familienbesitz ist und er damit rechnete, daß einer seiner beiden, damals noch minderjährigen Söhne, vielleicht einmal den Hof übernehmen würde. Er hat also nur notgedrungen den Hof aus der Hand gegeben und zwar gerade zu dem Zwecke, um ihn seiner Sippe zu erhalten, nicht, um ihn kapitalistisch zu nutzen. Überdies ist die Vorschrift des § 1 Abs. II REG., da sie Ausnahmecharakter trägt, nach h. L. eng auszulegen (vgl. u. a. Vogels, Bem. 45 zu § 1). So hat auch das Reichserbhofgericht in ständiger Rechtsprechung eine ständige Verpachtung dann verneint, wenn der Eigentümer die Besitzung lediglich aus vorübergehenden Gründen verpachtet, dabei aber die Hoffnung nicht aufgegeben hat, daß später er selbst oder ein Nachfolger aus der Familie den Hof wieder in Eigenbewirtschaftung übernehmen wird (REHGer. vom 23. Juli 1934 = JW. 1934 S. 2696; REHGer. vom 19. Okt. 1934 = JW. 1934 S. 3287; vgl. auch JW. 1935 S. 1158 und Vogels Bem. 45 zu § 1). Wenngleich A aller Wahrscheinlichkeit nach den Hof in dem Bewußtsein verpachtet hat, seine Bewirtschaftung auch nach Ablauf der Pacht nicht mehr zu übernehmen, so muß es zur Erhaltung der Erbhofeigenschaft doch genügen, daß er mit der späteren Bewirtschaftung durch einen seiner beiden, bis dahin erwachsenen Söhnen rechnete.

III. Steht es danach fest, daß der Hof am 1. Oktober 1933 Erbhof geworden ist, so ist er beim Tode des A im Februar 1934 ungeteilt auf den Anerben übergegangen; da in der Gegend unbestritten Ältestenrecht gilt, also auf X (§ 19 Abs. II, 21 Abs. II, 20 Ziff. 1 REG.). Y ist lediglich auf die Geltendmachung der erbhofrechtlichen Versorgungsansprüche des § 30 REG. angewiesen.

IV. Dem von X gemäß § 10 REG. gestellten Feststellungsantrag ist stattzugeben. Die mit Y über die gemeinschaftliche Bewirtschaftung getroffene Vereinbarung ist damit hinfällig, da dabei offenbar von der Voraussetzung ausgegangen wurde, der Hof sei gemäß §§ 2032, 1922 BGB. auf sie beide als Miterben übergegangen.

11. Fall.

Bauernfähigkeit und Verschollenheit.

Lösung:

I. Gemäß § 18 Abs. I BGB. begründet die Todeserklärung die Vermutung, daß der Verschollene in dem Zeitpunkt verstorben sei, welcher im Ausschlußurteil als Todestag festgesetzt ist; das wäre der 31. Dezember 1934. Gemäß § 19 BGB. gilt die Vermutung, daß der für tot Erklärte bis zum im Urteil festgesetzten Todestage gelebt hat.

II. Maßgebend dafür, ob der Hof am 1. Oktober 1933 die Erbhofeigenschaft erworben hat, ist § 1 Abs. I Ziff. 2 REG. Danach muß sich der Hof zu dieser Zeit im Alleineigentum einer bauernfähigen Person befunden haben. Da A bis zum 31. Dezember 1934 noch als lebend anzusehen war, galt er auch am 1. Oktober 1933 noch als Eigentümer des Hofes. Er besaß aber in dem Zeitpunkt, in dem man die letzte Nachricht von ihm hatte, ganz zweifellos nicht (oder nicht mehr) die Bauernfähigkeit, da ein völlig dem Trunke Ergebener nicht die Fähigkeit zur ordnungsmäßigen Bewirtschaftung des Hofes besitzt (so auch ErbhofGer. Celle vom 22. März 1934 = EHRsp. § 1 Abs. I Nr. 4, wo die Erbhofeigenschaft einer Besitzung verneint wurde, wenn der Eigentümer schon vor dem 1. Oktober 1933 wegen Trunksucht wirtschaftsunfähig geworden war); außerdem fehlt einem Trunksüchtigen in aller Regel auch die bäuerliche Ehrbarkeit. Welcher Zeitpunkt für die Prüfung der Bauernfähigkeit eines Hofeigentümers in Betracht kommt, ergibt sich aus dem Gesetz: 1. Oktober 1933. Bei einem Verschollenen muß, da sonstige Anhaltspunkte fehlen, der Zeitpunkt des letzten Lebenszeichens dafür maßgebend sein. Es muß also angenommen werden, daß A (für den Fall, daß er überhaupt noch lebte) als Eigentümer des Hofes am 1. Oktober 1933 nicht bauernfähig war. Der Hof hat daher die Erbhofeigenschaft nicht erlangt. Für die Erbfolge gelten also die bürgerlich-rechtlichen Bestimmungen. Das gilt auch dann, wenn der Hof tatsächlich von einem anderen bewirtschaftet wird, dem der Hof vor dem 1. Oktober 1933 übergeben, aber noch nicht aufgelassen wurde (so auch ErbhofGer. Celle vom 19. Febr. 1935 = RdRN. 36 und Vogels, Bem. 32 zu § 1; a. A. Gülland DNotZ. 36, 253).

III. Der Erbfall trat am 31. Dezember 1934 ein. Jetzt ist der Bruder B (einziger Erbe!) gemäß § 1922 BGB. Erbe geworden. Der Hof ist damit am 23. Dezember 1936 gemäß § 1 Abs. I i. V. m. § 55 EHRV. Erbhof geworden.

12. Fall.

Rechtskraft der Entscheidung über die Bauernfähigkeit.

Lösung:

I. A hatte im Jahre 1937 gemäß § 10 REG. die Feststellung der Erbhofeigenschaft seines Besitztums beantragt. Diesem Verfahren hatte sich gemäß §§ 54, 55 EHVfO. der Gläubiger X angeschlossen, was zulässig war, da er nur dann in das Grundstück vollstrecken konnte, wenn die Erbhofeigenschaft verneint wurde (§ 38 REG.).

Gemäß § 56 Abs. I EHVfO. kann derjenige, der sich gemäß § 55 EHVfO. dem Feststellungsverfahren nach § 10 REG. angeschlossen hatte, dann, wenn über den Antrag rechtskräftig entschieden worden ist, einen neuen Antrag nur auf Tatsachen stützen, die in dem früheren Verfahren nicht geltend gemacht worden sind und auch von ihm dort nicht geltend gemacht werden konnten.

II. Im vorliegenden Fall handelt es sich jedoch nicht um die nochmalige Beantragung der Feststellung der Erbhofeigenschaft nach § 10 REG., sondern um einen gemäß § 18 REG. i. V. m. § 54 EHVfO. gestellten Antrag über die Bauernfähigkeit. § 56 Abs. I EHVfO. scheidet demgemäß aus. Doch ergibt sich aus § 57 Abs. II, I EHVfO., daß auch in einem Verfahren auf Feststellung der Bauernfähigkeit neue Tatsachen vorgebracht werden müssen, wenn in einem bereits rechtskräftig entschiedenen Feststellungsverfahren die Frage der Bauernfähigkeit des Eigentümers geprüft worden ist. Diese Regelung entspricht dem Wesen der formellen Rechtskraft. X kann also mit seinem Antrag nur durchdringen, wenn er im ersten Verfahren noch nicht vorgebrachte und ihm damals noch nicht bekannte Tatsachen beibringt, aus denen sich eine Revision des ersten Beschlusses des AEG. vom 10. Oktober 1937 rechtfertigen läßt.

13. Fall.

Der Mischbetrieb.

Lösung:

I. Es handelt sich hier um einen sog. Mischbetrieb; bei ihnen kommen zwei Grundfälle in Betracht: 1. der „Doppelbetrieb" und der „gemischte Betrieb" (nach Wagemann-Hopp, Anm. 2 zu § 1 S. 61 ff.). Während beim Doppelbetrieb (Beispiel: Luxusgut eines Fabrikanten; Handelsmüllerei, bei der angeliefertes Getreide vermahlen wird usw.) das Gewerbe in keinem inneren (organischen) Zusammenhang steht, ist bei gemischten Betrieben ein solcher häufig, aber nicht notwendig, vorhanden. Beim gemischten Betrieb kann es sich nun einmal um einen solchen handeln, bei dem der gewerbliche Betrieb der Verarbeitung von Erzeugnissen des landwirtschaftlichen Hauptbetriebes dient (sog. Verarbeitungsbetriebe wie z. B. Brennereien, Käsereien, Sägewerke) oder um solche, die der Herstellung von Gegenständen für den Hauptbetrieb dienen (dienende Betriebe), und schließlich um solche, die der Verwertung von Rohstoffen aus dem zum Hauptbetrieb gehörigen Grund und Boden dienen (Substanzbetriebe). Neben diesen sog. landwirtschaftlichen Nebenbetrieben, bei denen ein innerer Zusammenhang mit dem landwirtschaftlichen Hauptbetrieb gegeben ist, stehen die „eigentlich gemischten Betriebe", d. s. solche, die betriebswirtschaftlich zwar mit dem landwirtschaftlichen verbunden sind, aber in keinem inneren Zusammenhang zu diesem stehen. Zu ihnen gehören vor allem Gastwirtschaften, Mühlen, Fuhrunternehmungen und Handwerke.

II. Ein sog. Doppelbetrieb liegt im gegebenen Fall nicht vor, da infolge des Betriebes der Schankwirtschaft auf dem landwirtschaftlichen Grundstück dieser nicht wirtschaftlich selbständig ist (vgl. dazu die Entscheidung des REHGer. 1. Bd. Nr. 44, S. 153 ff. (= JW. 1935, S. 1155 ff.) und Nr. 45 S. 156 ff. (= JW. 1935, S. 1698). Dagegen erscheint es zweifelhaft, ob sich der Betrieb der Gastwirtschaft als landwirtschaftlicher Nebenbetrieb (Verarbeitungsbetrieb) oder als eigentlich gemischter Betrieb kennzeichnen läßt. Ein Verarbeitungsbetrieb ist jedoch auch dann nicht gegeben, wenn die Gastwirtschaft gerade zu dem Zwecke eingerichtet worden wäre, um die landwirtschaftlichen Produkte (Milch, Eier, Butter, Käse, Brot, Fleisch usw.) einer rentableren Verwertung zuzuführen, da unter „Verarbeitung" eben lediglich die Umwandlung der landwirtschaftlichen Erzeugnisse (s. o. I) fällt. Es bleibt lediglich die Annahme eines eigentlich gemischten Betriebes übrig. Hier ist für die Frage der Erbhofeigenschaft ausschlaggebend, welcher Betriebsteil überwiegt. Ist der gewerbliche Betrieb im Verhältnis zur Landwirtschaft von so überwiegender Bedeutung, daß er dem gemischten Betrieb seine Eigenart aufprägt, dann handelt es sich nicht mehr um eine bäuerliche Wirtschaft und es besteht keine Erbhofeigenschaft. Nach Lehre und Rechtsprechung kommen als Maßstäbe für die Beurteilung in Betracht: Geschichtliche Entwicklung, räumliche Unterbringung der Betriebe, Verhältnis des Ertrags und Umsatzes, investiertes Kapital, Einheitswert, Zahl und Verwendung der in den Betrieben verwendeten Personen; dazu muß berücksichtigt werden, ob sich der Betriebsinhaber als Bauer oder als Gewerbetreibender fühlt. Wichtig ist, daß bei Grenzfällen das Reichserbhofgericht nicht den von vielen Anerben- und Erbhofgerichten vertretenen Standpunkt einnimmt, daß im Zweifel zugunsten der Erbhofeigenschaft zu entscheiden sei (vgl. Entsch. bei Tolle, Streifzüge im Gebiet des neuen Bauernrechts, Berlin 1936, S. 1 ff.).

Für den Fall, daß beim gemischten Betrieb die Erbhofeigenschaft bejaht wird, nimmt die bisherige Rechtsprechung an, daß sich die Erbhofeigenschaft ohne weiteres auch dem gewerblichen Betrieb mitteile (entsprechend der Verneinung der Erbhofeigenschaft bei Überwiegen des gewerblichen Betriebes). Gegen diese Ansicht sind gewichtige Bedenken zu erheben, werden dadurch doch die vom REG. zwischen dem Erbhof und dem „übrigen Vermögen des Bauern" gezogenen Grenzen verwischt und dem Erbhof Vermögenswerte zugeführt, die nach dem Sinn und dem Wortlaut des Gesetzes nicht zu ihm gehören. So weist Tolle auch richtig darauf hin, daß „dadurch auch die Rechte der Gläubiger und die in den Einleitungsworten ausdrücklich gewährleisteten Rechte der Miterben, insbesondere der weichenden Kinder, die... schon sehr geschmälert sind, hinsichtlich des Freiguts weiter empfindlich beschränkt werden, ohne daß hierfür ein erbhofrechtlicher Gesetzeszweck ersichtlich wäre" (Tolle S. 3 und S. 10ff.).

Merke: 1. Auch bei den landwirtschaftlichen Nebenbetrieben lassen Rechtsprechung und Lehre für die Frage der Erbhofeigenschaft das Überwiegen des einen oder anderen entscheidend sein.

2. Ein von der Rechtsprechung aufgestelltes wichtiges Kriterium für die Frage: Doppel- oder Mischbetrieb ist die Möglichkeit der Teilung (Trennung) beider Betriebe! (Vgl. REHGer. v. 4. Dez. 1936 = JW. 1937 S. 1000.)

14. Fall.

Die Nachwirkung eines früheren Mischbetriebes.

Lösung:

Das REHGer. hat die Erbhofeigenschaft mit der Begründung verneint, daß, da die Bewirtschaftung früher Nebenbetrieb der Ziegelei gewesen, der Grundbesitz kein Bauernhof gewesen sei; daran habe sich auch durch die vorübergehende Stillegung der Ziegelei nichts geändert. Die stillgelegte Ziegelei präge vielmehr auch weiterhin dem Anwesen ihre Eigenart auf, so daß das Grundeigentum nach seiner Hauptbestimmung nicht als landwirtschaftlich genutztes angesehen werden könne (vgl. REHGer. vom 25. Jan. 1935 = REG. 1, 156 = JW. 1935, S. 1698).

Merke: 1. Dies gilt vor allem, wenn trotz Stillegung des Gewerbebetriebes eine richtige Bauernwirtschaft nicht eröffnet, also eine Umstellung auf Landwirtschaft nicht vorgenommen wurde.

2. Das Fehlen einer solchen Umstellung kann aus der teilweisen Verpachtung von Grundstücken, aus dem Fehlen jeglichen Inventars für eine bäuerliche Wirtschaft und daraus geschlossen werden, daß eine ordnungsmäßige Wohnung für den Bauern fehlt.

15. Fall.

Die Verschuldung des Hofes.

Lösung:

Vgl. zu vorl. Fall REHGer. v. 19. Aug. 1936 = REHG. 3, 225 = JW. 1937 S. 1001 f.

I. Verfahrensrechtliche Seite:

Gemäß § 37 Abs. II EHVfO. kann jeder Eigentümer, dessen Hof in das gerichtliche Verzeichnis (§ 35 EHVfO.) zu Unrecht nicht aufgenommen worden ist, binnen zwei Wochen nach Beendigung des Aushanges an der Gerichtstafel (vgl. auch § 37 EHVfO.) beim Anerbengericht Einspruch erheben. Der Einspruch kann auch vom Kreisbauernführer eingelegt werden. Für ihn beträgt die Einspruchsfrist einen Monat (§ 39 EHVfO.). Über den Einspruch entscheidet das Anerbengericht (§ 40 EHVfO.). Gemäß § 48 REG. findet gegen die Entscheidungen des AEG. die sofortige Beschwerde statt. Beschwerdefrist zwei Wochen. In Erweiterung der Fälle des § 48 REG. kann auch der Kreisbauernführer gegen den den Einspruch des Eigentümers zurückweisenden Beschluß des AEG. Beschwerde einlegen (§§ 55 Abs. I, 36 EHVfO.), womit er sich dem anhängigen Verfahren anschließt (§ 55 Abs. II EHVfO.). Gegen die Entscheidung des für die sofortige Beschwerde zuständigen Erbhofgerichts (§ 48 Abs. III REG.) findet das Rechtsmittel der sofortigen weiteren Beschwerde statt (§ 49 Abs. I REG.), die auch vom Landesbauernführer eingelegt werden kann und über die das Reichserbhofgericht entscheidet (§ 49 Abs. III REG.).

II. Materiellrechtliche Seite:

1. Die von A betriebene Lohndrescherei wirkt auf den land-

wirtschaftlichen Betrieb nicht ein; es liegt ein Doppelbetrieb, nicht ein Mischbetrieb vor. Dieser läge nur dann vor, wenn der Gewerbebetrieb räumlich an die Hofstelle gebunden wäre und mit der Landwirtschaft auch wirtschaftlich eine organische Einheit bildete. In vorliegendem Falle besteht aber die ganze Verbindung, wie regelmäßig unterstellt werden darf, nur darin, daß die Dreschmaschinen, solange sie keine Lohnarbeit verrichten, auf dem Hofe untergebracht sind und bei Bedarf dort auch für Zwecke der Landwirtschaft mitbenutzt werden. Die Verbindung ist also nur eine sehr lose, so daß man nur zwei räumlich und wirtschaftlich selbständige Betriebe, also einen Doppelbetrieb, annehmen kann. Es kann mithin die bloße Tatsache des Vorhandenseins eines Gewerbebetriebes die Erbhofeigenschaft überhaupt nicht in Frage stellen (vgl. dazu noch Lö. zu Fall 13).

2. Aber selbst bei Annahme eines gemischten Betriebes könnte die Erbhofeigenschaft des Besitztums nicht in Frage gestellt werden, da die Landwirtschaft als der überwiegende Betrieb deshalb angesehen werden muß, als der gute und ertragreiche, landwirtschaftlich genutzte Boden eine ausreichende Ackernahrung gewährt, die Familie also dauernd sicherzustellen in der Lage ist. Der gewerbliche Betrieb dagegen wirft nur unsichere und schwankende Einnahmen ab, vermag sich kaum selbst zu erhalten (lediglich Leistung des Zinsendienstes!), kann daher als Existenzgrundlage nicht angesehen werden.

3. Auch die Tatsache der (wenn auch erheblichen) Verschuldung des Hofes steht der Feststellung seiner Erbhofeigenschaft nicht entgegen. Auch die vom LEHG. vertretene Auffassung, daß die Verschuldung schon immer dann zur Verneinung der Erbhofeigenschaft führen müsse, wenn sie aus einem Gewerbebetrieb herrühre und für den landwirtschaftlichen Betrieb untragbar sei, geht ganz zweifellos fehl und läßt sich aus dem Zwecke des Gesetzes, wie das REHGer. in oben zit. Entsch. auch ausdrücklich hervorhebt, nicht entnehmen:

„Wie auch das LEHG. betont, will das REG. grundsätzlich alle Besitzungen erfassen und unter seinen besonderen

Schutz stellen, die nach ihrer Größe und Beschaffenheit eine mittlere Bauernfamilie auf die Dauer tragen können; es bezweckt den Schutz des Bauerntums. Aus diesem Zweck folgt aber nicht die Versagung des Schutzes in einem Falle wie dem vorliegenden. Der Hof gehört hier einer Familie, die mit dem Grund und Boden verwurzelt ist und eine bäuerliche Einstellung zu ihm hat. Dies beweist schon die Tatsache, daß sie das Land zum großen Teil durch Rodung und Entwässerung erst kulturfähig gemacht hat. Wenn dann im Jahre 1915 der Vater des jetzigen Eigentümers einen Lohndruschbetrieb, um seinen sechs Söhnen noch eine weitere Existenzgrundlage zu schaffen, einrichtete, so entsprach auch dies einer bäuerlichen Einstellung, ebenso der spätere Versuch des jetzigen Eigentümers, diesen Nebenerwerb durch den Ankauf neuer Maschinen zu erweitern. Daß diese Maßnahme die hohe Verschuldung mit herbeigeführt hat, ist offenbar auf die wirtschaftlich ungünstigen Verhältnisse, insbesondere die drückende Zinshöhe in den Jahren nach der Befestigung der Währung und die in den folgenden Jahren einsetzende allgemeine Not der Landwirtschaft zurückzuführen. Es wäre unbillig und läge nicht im Sinne des Gesetzgebers, unter solchen Umständen den Schutz des REG. zu versagen. Dieses will den Bauern nicht nur für die Zukunft durch das Belastungsverbot vor den Gefahren einer nicht betriebsbedingten Verschuldung schützen, sondern es will ihn, wenn er dessen würdig ist, auch davor schützen, wegen verfehlten Maßnahmen aus der Zeit eines zu überwindenden Wirtschaftssystems Haus und Hof zu verlieren."

Diese Ansicht hat das Reichserbhofgericht auch in seiner bisherigen Rechtsprechung ständig vertreten (vgl. REHG. = JW. 1935, 601; Vogels-Hopp zu § 2 S. 41).

Beachte: Der Verschuldung kann für die Feststellung der Erbhofeigenschaft indessen in zwei Fällen eine Bedeutung zukommen:

1. Wenn sie darauf beruht, daß der Erbhof aus sich allein — trotz guter Bewirtschaftung — eine Familie nicht dauernd zu ernähren vermag: keine Ackernahrung!

2. Wenn der gegenwärtige Eigentümer die Verschuldung

durch schlechte Wirtschaft herbeigeführt hat: Fehlen der Wirtschaftsführungs- und damit der Bauernfähigkeit. Keinesfalls ist es richtig, daß eine Verschuldung regelmäßig schon auf das Vorliegen eines dieser beiden Tatbestände hinweise (so unrichtig JW. 1934, 2929).

16. Fall.

Veräußerungsgenehmigung unter Auflage.

Lösung:

I. 1. Da die Veräußerung eines Erbhofes verboten ist (§ 37 Abs. I REG.), könnte die Genehmigung der Veräußerung eines Teilgrundstückes durch das AEG. nur dann erfolgen, wenn ein wichtiger Grund vorliegt. Ein solcher kann grundsätzlich nicht angenommen werden, wenn durch die Abgabe von Land die Erbhofeigenschaft des Hofes gefährdet oder wenn das abzugebende Land des Erwerbers freies Eigentum wird. Sonderinteressen des Käufers oder Verkäufers müssen hinter den Interessen der Allgemeinheit an der Erhaltung des Erbhofes in ungeschmälerter Größe zurücktreten (REHGer. vom 24. Juli 1934 = JW. 1934 S. 2926). Ob ein wichtiger Grund für die Veräußerung gegeben ist, richtet sich nicht nur nach den Verhältnissen des veräußerungswilligen Bauern, sondern auch nach der Person des Erwerbers.

2. Daher kann das AEG. die Veräußerung regelmäßig erst dann genehmigen, wenn ihm auch die Person und die Verhältnisse des Erwerbers bekannt sind. Dies ist im vorliegenden Falle offenbar gegeben, da sich „eine besonders günstige Gelegenheit zum Verkauf" geboten hat. Das AEG. wird also zu prüfen haben, ob das zu veräußernde Grundstück auch in der Hand des Erwerbers Erbhofeigenschaft behält, insbesondere, ob es nicht zu Spekulationszwecken verwendet werden soll, ob der Erwerber Arier ist (vgl. RdRN. 1936, 180) usw. Werden öffentliche Zwecke durch die Landesabgabe gefördert (Straßen- und Eisenbahnbau, Sportplatzanlagen, Übungsgelände für die Wehrmacht, Schaffung von Siedlungsgelände usw.), dann wird ein wichtiger Grund in

der Regel zu bejahen sein, wenigstens soweit es die Person des Erwerbers angeht.

3. Außerdem müssen dem AEG., bevor es die Genehmigung zur Veräußerung erteilt, die **Verkaufsbedingungen** (REHGer. vom 18. Okt. 1934 = JW. 1935 S. 544 u. a. m.), d. h. alle Einzelheiten des Geschäfts, zur Kenntnis gebracht werden. Dies gilt insbesondere für die Art und die Höhe der Zahlung und die Belastung des Hofes bei Übergabeverträgen.

4. Im vorliegenden Fall wird das AEG. die Veräußerung, vorausgesetzt, daß ihm der Vertrag vorliegt und ihm die Person des Erwerbers bekannt ist, genehmigen können, da bei der starken Verschuldung des A eine baldige Befriedigung der Gläubiger nicht zu erwarten steht, andererseits die Ertragsfähigkeit des Hofes durch das Ausscheiden des Grundstückes aus dem Verband des Erbhofes, nur ganz unerheblich gemindert wird, weil es sich bei dem zu veräußernden Grundstück offenbar um ein schlecht zu nutzendes handelt. Insbesondere wird das AEG. die Genehmigung erteilen, wenn es für den einen oder anderen Gläubiger des A eine unbillige Härte darstellen würde, wenn er vielleicht noch lange Jahre auf die Rückzahlung eines vielleicht selbst zur Existenzgründung benötigten Kapitalbetrages warten müßte.

II. Die Genehmigung kann auch unter einer Auflage erteilt werden (§ 37 Abs. II REG.). Hierbei ist ein Unterschied zu machen zwischen der echten Auflage und derjenigen, die zugleich den Charakter einer aufschiebenden Bedingung hat. Im vorliegenden Fall handelt es sich um eine echte Auflage (vgl. LEHG. Celle vom 17. Mai 1934 = EHRsp. § 37 b Nr. 16 und EHG. Dresden vom 5. April 1934 = EHRsp. § 37 d Nr. 3), da das AEG. nicht angeordnet hat, daß die grundbuchamtliche Vollziehung des Geschäfts von dem Nachweis der Erfüllung der „Auflage“ abhängig gemacht wird; dann wäre die Auflage gleichzeitig eine Bedingung gewesen, was den Vorteil gehabt hätte, daß damit auf die Erfüllung der Auflage ein wirksamer Druck ausgeübt würde, was bei der echten Auflage regelmäßig fehlt. Die Zulässigkeit der Erteilung einer solchen aufschiebend bedingten Genehmigung wird allgemein bejaht (vgl. u. a. Richter in RdRN. 1934 S. 282; EHG. Braunschweig vom 29. Febr. 1934 = EH.-Rsp. § 37 a Nr. 6 und Vogels, Bem. 92 zu § 37 REG.).

17. Fall.

Gutgläubiger Erwerb von Erbhofgegenständen.

Lösung:

I. Der Erbhof, zu dem gemäß § 7 REG. auch die Zubehörstücke gehören, ist gemäß § 37 Abs. I REG. unveräußerlich. Die Kuh ist Zubehörstück (§ 98 Ziff. 2 BGB.), sie unterliegt also dem Veräußerungsverbot. Dieses ist ein absolutes, da es nicht dem Vorteil eines einzelnen, sondern den Belangen des Gemeinwohls dienen soll. Deshalb gibt es keinen Schutz des guten Glaubens (§§ 134, 135 BGB.; zust. Vogels, Bem. 184 zu § 37; ebenso Cammerer in JW. 34, 795 usw.). Der Erwerber wird auch dann nicht Eigentümer, wenn er nicht gewußt hat, daß es sich um Erbhofinventar handelt, oder wenn er angenommen hat, das Geschäft halte sich im Rahmen einer ordnungsmäßigen Wirtschaft (so u. a. Wöhrmann in DJ. 34, 162; Vogels, Bem. 186 zu § 37 REG.).

Beachte: Auch dann, wenn der Erwerber den Gegenstand weiterveräußert, kann der Dritte trotz guten Glaubens nicht Eigentümer werden, denn das Veräußerungsverbot gilt sowohl dann, wenn die Veräußerung durch den Eigentümer als auch dann, wenn sie durch den Nichteigentümer vorgenommen wird. Der Schutz des guten Glaubens an das (nichtvorhandene!) Eigentum des Veräußerers (§§ 932 ff., 892 BGB.) vermag hier natürlich kein anderes Ergebnis zu rechtfertigen! Sich das klarmachen!

Gegen den Ausschluß des gutgläubigen Erwerbs wird das Bedenken geltend gemacht, daß darunter die Sicherheit des Rechtsverkehrs stark leiden werde. Dies ist nicht gerechtfertigt (Begründung vgl. bei Vogels, Bem. 186 zu § 37 REG.).

II. Das gleiche gilt für den Erwerb eines zu einem Erbhof gehörigen Grundstücks, wobei es keinen Unterschied macht, ob der Erwerber hinsichtlich der Erbhofeigenschaft im guten Glauben ist oder nicht (so schon RGZ. 111, 245 = JW. 1925

S. 2234). Es spielt auch keine Rolle, ob das Grundstück in die Erbhöferolle eingetragen oder durch den Erbhofvermerk im Grundbuch kenntlich gemacht ist oder nicht, denn die Nichteintragung in die Höferolle begründet nur die Vermutung, daß das Grundstück keine Erbhofeigenschaft besitzt (§ 32 EHRV.). Die Erbhöferolle genießt keinen öffentlichen Glauben. Der nach § 892 BGB. geschützte gute Glaube versagt gegenüber einem absoluten Veräußerungsverbot.

Beachte: Dies gilt auch dann, wenn das Grundstück unzulässigerweise auf den Erwerber umgeschrieben und von diesem an einen Dritten weiter veräußert wird (Cammerer, JW. 1934 S. 795; Vogels, Bem. 185 zu § 37).

18. Fall.

Übergabevertrag und Zubehör.

Lösung:

Vgl. z. vorl. Fall REHGer. v. 4. April 1936 = REHG. 2, 332 = JW. 1936 S. 2715.

Vorbemerkung: „Der Übergabevertrag ist ein Vertrag, durch den Eltern ihr Vermögen, insbesondere ihren Grundbesitz bei Lebzeiten mit Rücksicht auf die künftige Erbfolge an einen ihrer Abkömmlinge übergeben und dabei für ausreichenden Lebensunterhalt (Altenteil) und für die außer dem Übernehmenden noch vorhandenen Abkömmlinge eine Abfindung ausbedingen“ (RGZ. 118, 17; RGZ. 123, 56). Diese aus dem Jahre 1927 stammende Begriffsbestimmung des Reichsgerichts trifft auch heute noch zu. Solche Übergabeverträge sind erwünscht. Grund: Die Alten sollen den Jungen, Tatkräftigen weichen. Heiratsmöglichkeit für die Jungen wird geschaffen, Nachwuchs usw. Deshalb soll das AEG. gem. § 38 Abs. II REG. den Übergabevertrag genehmigen, wenn der Bauer den Hof auf den nächstberechtigten Anerben übertragen will. Der Übergabevertrag bedarf, da er die Veräußerung von Grundbesitz zum Gegenstand hat, der Form des § 313 BGB.

Merke: Es findet § 311 BGB. Anwendung, wenn mit der Übergabe des Hofes ausdrücklich die Übertragung des gesamten Vermögens verbunden wird. Danach kann der Mangel der öffentlichen Beurkundung nicht durch Auflassung und Eintragung geheilt werden (RGZ. 61, 285).

I. Da die Hofübergabe an einen Anerbenberechtigten zu Lebzeiten des Hofeigentümers eine Vorwegnahme der Erbschaft bedeutet, müssen die für die gesetzliche Anerbenfolge geltenden Bestimmungen sinngemäß zur Anwendung kommen; insbesondere § 31 REG. Daß der Hof ein Ehegattenerbhof ist (§ 17 Abs. I EHRV.), hindert den Abschluß eines Hofübergabevertrages naturgemäß nicht (§ 19 EHRV.). Die Frage nach der Anerbenberechtigung des Übernehmers richtet sich bei ihnen nach § 20 EHRV.

II. Gemäß § 7 REG. gehört zum Erbhof auch das im Eigentum des Bauern stehende Zubehör, wozu nach § 8 auch das auf dem Hofe vorhandene, der Wirtschaftsführung dienende Hausgerät einschließlich des Leinenzeuges und der Betten gehört. Unter Hausgerät ist nach dem Sinn des § 8 die häusliche Einrichtung zu verstehen. Nicht zum Zubehör gehören Leibwäsche, Kleider, Schuhe und ähnliche zum persönlichen Gebrauch bestimmte Gegenstände (REHGer. vom 4. April 1936 = EHRsp. § 8 Nr. 4). Aus § 8 REG. folgt, daß häusliche Einrichtungsgegenstände und Gebrauchsgegenstände als Zubehör das Schicksal des Hofes teilen. Daraus folgt, daß für solche Zubehörstücke auch der § 37 REG. gilt, also der Grundsatz der Unveräußerlichkeit (Ausnahme: § 37 Abs. I, 2). Die Veräußerung solcher Zubehörstücke ist nur zulässig, wenn ein wichtiger Grund vorliegt (§ 37 Abs. II REG.).

III. Daraus folgt weiter: Die Zurückbehaltung von Zubehörstücken (durch Eigentumsvorbehalt) bei der Übertragung des Hofes auf den Anerbenberechtigten gemäß § 37 Abs. III REG. hat die Wirkung, daß die vom Übergeber vorbehaltenen Gegenstände die Erbhofzugehörigkeit verlieren und freies, nicht mehr gebundenes Vermögen des Übergebers werden. Es tritt also derselbe Erfolg ein, als wenn ein Zubehörstück von dem Bauern an einen Erbhoffremden veräußert wird. Deshalb hält es das Reichserbhofgericht (R.-EHG. 2, 332 = JW. 1936 S. 2715 ff.) für gerechtfertigt, im Falle der Zurückbehaltung von Zubehör die Vorschrift des § 37 Abs. II REG. entsprechend anzuwenden. Dem ist beizupflichten. Danach kann die Zurückbehaltung von Zubehörstücken nur beim Vorliegen eines wichtigen Grundes gebilligt werden.

IV. Da nichts besonderes gesagt ist, ist anzunehmen, daß auch die Zubehörstücke im Gesamtgut der ehelichen Gütergemeinschaft stehen. Da die zurückbehaltenen Gegenstände fast den gesamten Hausrat darstellen, überdies aber die übergebenden Eheleute im Genuß derselben bleiben, ist ein wichtiger Grund für die Genehmigung der Zurückbehaltung derselben nicht gegeben.

Die Genehmigung des Übergabevertrages durch das AEG. kann also nur unter der Auflage der Streichung der Zurückbehaltungsklausel erfolgen.

19. Fall.

Aufhebung der Erbhofeigenschaft zum Zwecke der Ausstattung.

Lösung:

Vgl. zu vorl. Fall REHGer. v. 28. Oktober 1936 = REHG. 3, 279 = JW. 1937 S. 1007 f. und REHGer. v. 10. Dezember 1936 = REHG. 3, 408 = JW. 1937 S. 1581 f.

I. Gemäß § 27 Abs. II EHRV. kann einzelnen Teilen des Erbhofs die Erbhofeigenschaft nur mit Genehmigung des AEG. entzogen werden. Dabei handelt es sich lediglich um einen innerbetrieblichen Vorgang, mit dem eine Eigentumsänderung nicht verbunden ist. Das Veräußerungsverbot des § 37 REG. besitzt vom Augenblick der Aufhebung der Erbhofeigenschaft an keine Wirkung mehr. Jedoch kann das AEG. die Genehmigung zur Aufhebung unter einer Bedingung oder unter einer Auflage erteilen. Eine solche Möglichkeit ist zwar in § 27 Abs. II EHRV. nicht vorgesehen; ihre Zulässigkeit entspricht aber einem in vielen Fällen vorliegenden Bedürfnis. Der Fall des § 27 Abs. II EHRV. ist überdies dem des § 37 Abs. II, 2 REG. durchaus rechtsähnlich; dort ist aber die Zulässigkeit einer Erteilung der Genehmigung ausdrücklich unter einer Auflage zugelassen (REHGer. in ob. zit. Entsch. und REHG. 2, 296; 2, 263). Rechtssicherheitsbedenken sprechen ebenfalls nicht gegen eine solche Annahme.

II. Fraglich kann jedoch sein, ob einzelnen Erbhofgrundstücken die Erbhofeigenschaft entzogen werden darf, damit eine künftige Ausstattung einer Tochter (oder eines Sohnes) sichergestellt wird. Dies ist wegen § 30 REG. grundsätzlich zu verneinen; die Ausstattung durch Landabgabe widerspricht an sich den Grundsätzen und Zielen des Erbhofrechts und kann daher nur dann für zulässig erachtet werden, wenn diese nicht gefährdet werden (vgl. REHG. 2, 137 = JW. 1936 S. 1055 und REHG. 2, 301 = JW. 1936 S. 2325). Nur in Ausnahmefällen, die ganz besonders gelagert sind, kann also Ausstattung durch Landabgabe in Frage kommen.

„Die Ausstattung eines Abkömmlings mit Erbhofgrundstücken setzt voraus, daß in dem Zeitpunkt, in dem die Ausstattung stattfindet, dem Bauern die erforderlichen Mittel zur Ausstattung in Geld nicht zur Verfügung stehen. Es muß ferner die Verwendung des abzutrennenden Erbhoflandes zu einem vom erbhofrechtlichen oder volkswirtschaftlichen Standpunkt aus zu billigenden Zwecke gewährleistet sein... Ob diese Voraussetzungen gegeben sind, läßt sich mit Sicherheit nur beurteilen, wenn der Anlaß der Ausstattung (Heirat oder Gründung eines selbständigen Daseins) eingetreten ist oder in naher Aussicht steht" (REHGer. in ob. zit. Entsch.). Diese Voraussetzungen sind im vorliegenden Falle sämtlich gegeben, denn es entsteht nach der Heirat der T mit B ein neuer Erbhof gemäß § 17 Abs. III EHRV. (Ackernahrung!), die Heirat der B und die künftige Existenz des jungen Ehepaares wird sichergestellt, der elterliche Erbhof erleidet keine wesentliche Einbuße usw. Volkswirtschafts- und auch bevölkerungspolitische Gesichtspunkte sprechen also für die Erteilung der Genehmigung.

Merke: 1. Ist der Fall der Ausstattungsnotwendigkeit bereits gegeben oder steht er unmittelbar bevor, so kommt, da die Ausstattung mit Land auf die Überführung des Eigentums an den Grundstücken in die Hand des Auszustattenden abzielt, nur eine Veräußerung gem. § 37 Abs. II REG. in Betracht; § 27 Abs. II EHRV. scheidet hier also aus (vgl. REHG. 2, 292 ff.).

2. Eine Aufhebung der Erbhofeigenschaft zum Zwecke der künftigen Ausstattung der Tochter ist dann nicht zulässig, wenn sie lediglich dazu dienen soll, die allgemeinen Heiratsaussichten der Tochter zu bessern. Eine Veräußerung nach § 37 Abs. II REG. kommt erst dann in Frage, wenn mit der Heirat der Tochter sicher zu rechnen ist.

3. Beachte die unterschiedlichen Voraussetzungen zu § 37 Abs. II REG. und § 27 Abs. II EHRV.!

20. Fall.

Hofübergabe bei Ehegattenerbhöfen.

Lösung:

Vgl. zu vorl. Fall REHGer. v. 16. Dez. 1936 = JW. 1937 S. 1005 f.

I. Unter der Voraussetzung des § 37 Abs. III REG. soll das AEG. die Hofübergabe genehmigen. Es fragt sich daher, ob die T_1 beim Erbfalle die nächstberechtigte Anerbin wäre oder vom Erblasser gemäß § 25 REG. zur Anerbin bestimmt werden könnte.

Es handelt sich im vorliegenden Falle um einen Ehegattenerbhof i. S. des § 17 Abs. I EHRV. Gemäß § 20 Abs. II EHRV. können die Ehegatten durch gemeinschaftliches Testament oder durch Erbvertrag bestimmen, daß der Erbhof nach dem Tode des Erstversterbenden oder des Überlebenden an eine Person als Erben fallen soll, die nach dem REG. als Anerbe des einen oder des anderen Ehegatten berufen wäre oder bestimmt werden könnte. Danach konnte die T_1, obwohl sie unehelich geboren ist und obwohl sie mit dem Ehemann A nicht blutsverwandt ist, zur Anerbin für den Hof bestimmt werden. Das ergibt sich eindeutig aus § 20 Ziff. 4 REG., denn im Verhältnis zu ihrer Mutter, die Miteigentümerin des Hofes ist, gehört sie zu Anerben der 4. Ordnung; das uneheliche Kind geht nach § 21 Abs. V REG. nur einem ehelichen Kinde der Mutter bei der Anerbenfolge nach. Solche sind nicht vorhanden. Die T_2 ist für die Anerbenfolge der T_1 kein Hindernis: § 25 Abs. IV REG.

II. S, der Bruder der T_1, ebenfalls unehelicher Sohn der Frau A, wäre, da er im Verhältnis zu seiner Mutter ebenso wie ein ehelicher Sohn Anerbe der 1. Ordnung ist, allerdings an erster Stelle als Anerbe berufen (§ 20 Ziff. 1 REG.). Indessen besitzt er laut Sachverhalt bereits einen Erbhof, weshalb er gemäß § 22 Abs. I REG. als Anerbe ausscheidet; jedoch kann naturgemäß ein Ausscheiden und die Ausübung des Wahlrechts erst dann erfolgen, wenn der

Anerbe zur Nachfolge in den Hof berufen wird. Deshalb ist S, da auch ein rechtswirksamer Verzicht auf sein Anerbenrecht nicht vorliegt (§§ 2346, 2348 BGB.; vgl. auch JW. 1936 S. 1847), nicht als ausgeschieden anzusehen; er ist an und für sich der nächstberechtigte Anerbe.

Nach § 25 Abs. III und § 37 Abs. III REG. kann aber der Erblasser mit Zustimmung des AEG. beim Vorliegen eines wichtigen Grundes bestimmen, daß eine zur vierten Ordnung gehörige Person vor einer zur ersten Ordnung gehörigen Person zum Anerben berufen wird. Nach Ansicht des REHGer. ist ein solcher wichtiger Grund darin zu erblicken, daß die T_1 bisher auf dem Hofe gearbeitet hat, ihr Bruder S auch ausdrücklich, wenn auch nicht formgültig, auf den Hof verzichtet hat und daß S ferner bereits einen Erbhof besitzt (vgl. ob. zit. Entsch.).

III. Da also die T_1 von den Eheleuten als Anerbin bestimmt werden kann, so kann ihr auch der Hof unter Lebenden übergeben werden, wenngleich § 37 Abs. III REG. nur auf § 25 REG. Bezug nimmt, was aber daraus zu erklären ist, daß Ehegattenerbhöfe und die besondere Regelung der Anerbenfolge für diese erst durch die DVO. I vom 19. Okt. 1933 (jetzt §§ 17 ff. EHRV.) geschaffen wurde. „Dem Sinn des § 37 Abs. III REG. entspricht es, daß gegen die Genehmigung der Hofübergabe in persönlicher Hinsicht — beim Vorliegen der übrigen Voraussetzungen — in jedem Falle dann keine Bedenken bestehen, wenn der Hofübernehmer nach irgendeiner, sei es auch nach dem Erlaß des REG. in Kraft getretenen Bestimmung zum Anerben bestimmt werden könnte" (vgl. REHGer. in ob. zit. Entsch. und REHG. 2, 213 ff. = JW. 1936 S. 1831).

Dem Standpunkt des LEHG. ist demgemäß nicht beizutreten.

Merke also: Bei Ehegattenerbhöfen steht es den Ehegatten völlig frei, welcher Verwandtenseite, der des Ehemannes oder der der Ehefrau, sie den Hof übertragen wollen (§ 20 EHRV.).

21. Fall.

Erbauseinandersetzung und Schenkung.

Lösung:

I. Das Besitztum besaß, obwohl die sachlichen Voraussetzungen eines Erbhofs gegeben waren, am 1. Oktober 1933 nicht die Erbhofeigenschaft, da es nicht im Allein-, sondern im Miteigentum der zur Erbengemeinschaft gehörenden Witwe des Erblassers M und der drei Kinder stand (§ 2032 BGB. i. V. m. § 1 Abs. I Ziff. 2 REG.).

II. Die sachenrechtliche Seite des Falles liegt folgendermaßen: Zur Eigentumseintragung der Eheleute A nach §§ 39, 40 GBO. ist eine vorgängige Eintragung der Veräußerer (Miterbengemeinschaft) nicht erforderlich. Die Witwe F war laut Sachverhalt in Ansehung der ihr gehörigen Grundstücke als Eigentümerin im Grundbuch eingetragen, so daß insoweit die Übertragung des Eigentums auf ihren Sohn A überhaupt auf keine Schwierigkeiten stößt. Es ist auch klar, daß es zur Übertragung des (Mit-) Eigentums auf seine Frau nicht der vorgängigen Eintragung des A als Alleineigentümer in das Grundbuch bedarf, denn das (Mit-)Eigentum am Grundstück soll ja unmittelbar von der Witwe F und ihren Kindern (der Miterbengemeinschaft) auf die Eheleute A übergehen. Die Zwischenauflassung an A hat, soweit sie die endgültig seiner Ehefrau zugedachte Grundstückshälfte betrifft, nur die Bedeutung einer Ermächtigung für ihn, diese Hälfte als Nichtberechtigter gemäß § 185 Abs. I BGB. an Stelle der Witwe F und der Erbengemeinschaft auf seine Ehefrau zu übertragen, d. h. der Grundbesitz bleibt bis zur Eigentumseintragung der Eheleute A im Eigentum der Miterbengemeinschaft (so KG., Beschl. vom 30. Sept. 1937 = JW. 1937 S. 2988 und Güthe-Triebel GBO. Anm. 3 zu § 39).

III. Die erbhofrechtliche Seite des Falles beurteilt sich wie folgt: Erst mit der Eintragung der Eheleute A als Eigentümer im Grundbuch entsteht (Bauernfähigkeit beider Ehegatten vorausgesetzt: § 17 Abs. I, III EHRV.) die Erbhofeigenschaft des Besitztums (§ 17 Abs. III EHRV.). Deshalb entfällt auch die Notwendigkeit einer Genehmigung des AEG., denn § 17 REG. betrifft nur einen bereits entstandenen Erbhof, was in vorliegendem Fall nicht zutrifft, zumal die dem A von der Miterbengemeinschaft erteilte Auflassung allein ja nicht genügt, ihn zum Eigentümer zu machen (§§ 873, 925 BGB.: es ist noch Eintragung erforderlich!). Daher fällt weder die Veräußerung an A noch die Veräußerung an seine Ehefrau unter das Veräußerungsverbot des § 37 REG.

IV. Daß durch die beantragte Eintragung lediglich ein Ehegattenerbhof gemäß § 17 Abs. III EHRV. entsteht, vermag trotz § 17 REG. kein anderes Ergebnis zu begründen, wie es das durch oben zitierte Entscheidung des KG. aufgehobene Urteil des LG. annimmt, indem es sagt, daß die §§ 17, 18 EHRV. lediglich aus dem Bestreben heraus, möglichst viele Erbhöfe zu schaffen, zu verstehen seien; daß sie sich als reine Übergangsvorschriften darstellen, da alle durch §§ 17, 18 EHRV. geschaffenen Ehegattenerbhöfe bereits beim nächsten Erbfall in das Alleineigentum einer bauernfähigen Person übergingen. Trotzdem ist mit dem KG. richtig anzunehmen, daß in der obigen Stellungnahme (des KG.) keine Umgehung der Grundgedanken des REG. zu finden ist, denn es besteht kein stillschweigender Grundsatz des REG. etwa dahingehend, daß eine als Erbhof geeignete landwirtschaftliche Besitzung dann, wenn sich Gelegenheit biete, in das Alleineigentum einer bauernfähigen Person überführt werden und für den Fall, daß dies geflissentlich vermieden werde, bereits den für diesen Erbhof geltenden Veräußerungsbeschränkungen unterworfen werden müsse (vgl. Weiteres in JW. 1937 S. 2988 ff.).

22. Fall.

Die gesetzliche Anerbenfolge.

Lösung:

KG., 1. ZivSen. v. 26. Aug. 1937 = JW. 1937 S. 2986 f.

Nach § 20 REG. sind, wenn der Erblasser weder von einem Abkömmling noch von seinem Vater überlebt wird, zunächst in der dritten Ordnung seine Brüder und wo solche, wie hier, nicht vorhanden sind, in der fünften Ordnung seine Schwestern berufen. Bei Brüdern und Schwestern stehen sich voll- und halbbürtige Geschwister gleich. Das ergibt sich schon aus dem allgemeinen Sinn der Bezeichnung „Brüder" und „Schwestern" und entspricht auch der Auffassung des Gesetzgebers, die sich eindeutig aus § 21 Abs. IV, 2 REG. ergibt, wonach „bei Brüdern oder Schwestern Vollbürtige vor Halbbürtigen gehen". Damit ist zugleich die Reihenfolge der vollbürtigen und halbbürtigen Geschwister innerhalb jeder der beiden Ordnungen Nr. 3 und Nr. 5 geregelt: d. h. es soll ein vollbürtiger Bruder einem halbbürtigen und eine vollbürtige Schwester einer halbbürtigen vorgehen. „Dagegen ändert die Bestimmung nichts an dem durch § 20 REG. festgelegten Vorrang der Brüder einschließlich der halbbürtigen, vor den Schwestern wiederum einschließlich der halbbürtigen. Sie wäre auch sonst offenbar unvollständig. Denn wenn eine vollbürtige Schwester des Erblassers grundsätzlich oder wenigstens unter besonderen Umständen den Vorrang vor einem halbbürtigen Bruder haben sollte, so müßte dasselbe erst recht von einer Tochter des Erblassers oder von deren Söhnen gelten, die in der vierten Erbfolge zweifellos vor vollbürtigen und halbbürtigen Schwestern des Erblassers berufen sind. Insoweit fehlt aber jede Bestimmung zur entsprechenden Änderung der Rangordnung." (Zit. oben.)

Danach bekommt X, der halbbürtige Bruder des Erblassers B, als Anerbe den Hof. (So auch Vogels in JW. 1937 S. 2987 und Hennig, Reichserbhofgesetz, S. 306). Das Ergebnis, daß damit der Hof auf eine andere Sippe übergeht, läßt sich auch durch Heranziehen des § 56 REG. nicht vermeiden, da diese Auslegungsregel selbstverständlich nur dort Platz greifen kann, wo „Zweifel" vorhanden sind. Hier ist aber, wie festgestellt, eine eindeutige und lückenlose Regelung im Gesetz selbst getroffen, so daß § 56 überhaupt ausscheidet. (Über die hier zu beachtenden Einwendungen vgl. die Ausführungen zu obigem Urteil in JW. 1937 S. 2986 ff.)

23. Fall.

Anerbenordnung und Ältestenbrauch.

Lösung:

Vgl. f. vorl. Fall Beschl. d. EHG. Stuttgart v. 28. Sept. 1936 = JW. 1937 S. 1015 f.

Als Anerben kommen nur die beiden Schwestern des Erblassers in Betracht (§ 20 Ziff. 5 REG.). Es erscheint nun zweifelhaft, ob das Gesetz auch unter dem „Ältestenbrauch" den Brauch versteht, daß gerade in der in Betracht kommenden Anerbenordnung der Älteste als Anerbe zum Zuge kommt, wie dies Hennig (Erläuterungsbuch zum REG. § 21 Bem. IV S. 317) offenbar annimmt, wenn er meint, daß der Brauch u. U. nur für bestimmte Verwandtengruppen zutreffen könne. A. A. Wöhrmann (in Zeitschr. d. Akad. f. D. R. 1935 S. 955), der darunter die Gewohnheit versteht, den Hof auf das älteste Kind übergehen zu lassen. Jedoch folgert Wöhrmann: Nach dem Willen des Gesetzgebers (§ 23 Abs. III REG.) müsse ein für die Kinder des Bauern festgestellter Ältestenbrauch auch für die übrigen Anerbenberechtigten des Bauern, insbesondere für seine Geschwister, gelten. Diese Ansicht entspricht auch der Praxis der Anerbenbehörden und wird vom REHGer. (vgl. REHG. 3, 147) geteilt. Die Ansicht Hennigs bringt Beweisschwierigkeiten mit sich, die der Gesetzgeber durch die Regelung in § 23 Abs. III REG. vermeiden wollte.

„Es liegt daher nahe, daß das REG. . . . . vom Ältestenbrauch, wie er sich unter den Kindern des Bauern entwickelt hat, ausging und bei seiner Geltung die Bevorzugung des Ältesten bei den entfernteren Anerbenordnungen durchgreifen lassen wollte" (EHG. in oben zit. Entsch.).

Daher hängt im vorliegenden Falle die Entscheidung davon ab, ob für die fragliche Gegend beim Inkrafttreten des REG. die Gewohnheit bestand, den Hof auf das älteste Kind übergehen zu lassen, „und zwar in dem Sinne, daß der Bauer hierbei in der Überzeugung handelt, zur Übergabe an den Ältesten auf Grund jahrelanger bäuerlicher Überlieferung und Sitte moralisch verpflichtet zu sein" (ob. Entsch.).

24. Fall.

Getarnte Erbteilung.

Lösung:

Vgl. zu vorl. Fall REHGer. v. 10. Dez. 1936 = JW. 1937 S. 1010.

Ja! Das von A geplante Vorgehen kommt auf eine regelrechte Erbteilung hinaus, die nach dem REG. nicht mehr statthaft ist. Die Geschwister des Anerben, auf den der Hof ungeteilt vererbt wird, haben keinen Anspruch auf einen Anteil am Wert des Hofes. Sie sind auf den Versorgungsanspruch des § 30 REG. beschränkt. Wenn freies Vermögen nicht vorhanden ist, können sie ihre Ausstattung nur aus den laufenden Überschüssen des Hofes erhalten. „Die Veräußerung des ganzen Hofes, der auf diese Weise dem Anerben entzogen würde, kann hiernach nicht damit gerechtfertigt werden, daß durch die Veräußerung Mittel für die Ausstattung der übrigen Söhne gewonnen werden sollen. Die Härte, die sich in der Übergangszeit, solange Geldmittel zur Ausstattung der Kinder nicht angesammelt werden konnten, für die weichenden Erben ergibt, muß in Kauf genommen werden, wenn nicht die der Allgemeinheit dienenden Ziele der Erbhofgesetzgebung gefährdet werden sollen" (R.-EHG. in oben zit. Entsch.).

25. Fall.

Berechnung des Anerbenteils am freien Nachlaß.

Lösung:

I. 1. Nach § 19 REG. stellt sich der Erbhof als ein besonderer Teil des Nachlasses dar; in ihn vollzieht sich die Erbfolge unabhängig vom freien Vermögen des Erblassers nach den Regeln des REG. §§ 20 ff. Das außer dem Erbhof vorhandene Vermögen des Bauern vererbt sich nach den Regeln der §§ 1922 ff. BGB. Daraus folgt, daß der Erbhof ohne besonderen Übertragungsakt mit dem Erbfall sofort auf den Anerben übergeht, während in Ansehung des übrigen Vermögens die gesetzlichen oder testamentarischen Erben

Miterben werden, d. h. die Miterben erlangen gemeinschaftliches Eigentum am freien Vermögen (§ 2032 BGB.).

2. Gemäß § 1967 Abs. I BGB. haftet der Erbe grundsätzlich für die Nachlaßverbindlichkeiten; mehrere haften als Gesamtschuldner (§ 2058 BGB.). Jeder Miterbe kann jederzeit die Auseinandersetzung verlangen (§ 2042 BGB.). Hierbei sind zunächst die Nachlaßverbindlichkeiten zu berichtigen. Zu diesem Zwecke ist der Nachlaß, soweit erforderlich, in Geld umzusetzen (§ 2046 BGB.). Der nach Berichtigung der Nachlaßverbindlichkeiten verbleibende Überschuß gebührt den Erben nach dem Verhältnis ihrer Erbteile (§ 2047 BGB.). Die Vorschrift des § 2046 BGB. findet wegen § 37 REG. selbstverständlich auf den Erbhof keine Anwendung. Vielmehr bestimmt § 34 REG. ausdrücklich, daß zur Berichtigung der Nachlaßverbindlichkeiten in erster Linie das außer dem Hof vorhandene Vermögen herangezogen werden soll. Reicht dieses nicht aus, so ist der Anerbe im Innenverhältnis verpflichtet, die Verbindlichkeiten allein zu tragen und die Miterben von ihnen zu befreien.

3. Im vorliegenden Fall beträgt die Gesamtverschuldung des Nachlasses 8000 *RM*. Aus § 34 REG. ergibt sich, daß aus dem freien Nachlaß auch die auf dem Hof ruhenden Hypotheken, Grundschulden usw. gedeckt werden sollen; diesen Anspruch hat der Anerbe auch gegen seine Miterben. Verbleibt nach den Berichtigungen der Nachlaßverbindlichkeiten ein Überschuß, so ist dieser auf die Miterben des Anerben nach § 2047 BGB. zu verteilen. Da das Stadtgrundstück 25 000 *RM* wert ist, so ist aus diesem Grundstück sowohl der Hypothekengläubiger X als auch Y zu befriedigen, so daß ein rechnungsmäßiger, bei der Auseinandersetzung zugrundeliegender Wert des freien Nachlasses von 17 000 *RM* verbleibt.

4. Da S als Sohn des A nicht nur Anerbe, sondern nach § 1924 Abs. I BGB. auch Miterbe (§ 2032 BGB.) ist, könnte er gemäß § 35 Abs. II REG. auch einen Anteil aus dem Überschuß des freien Vermögens verlangen, sofern der auf ihn entfallende Anteil größer ist, als der lastenfreie Ertragswert des Hofes. Der auf ihn entfallende Anteil am

Nachlaß beträgt 15000 + 25000 — 8000 = 32000 : 2 = 16000 *RM*. Da er mit dem Erbhof bereits 15000 *RM* erhalten hat, bekommt er aus dem freien Nachlaß lediglich noch 1000 *RM*. Die T bekommt 15000 + 25000 — 8000 = 32000 : 2 = 16000 *RM*.

Merke: Man muß bei Errechnung des Überschusses nach § 35 Abs. I REG. naturgemäß den Ertragswert des Hofes mitrechnen (vgl. näheres bei Vogels, Anmerkungen zu § 35 REG.).

II. Beträgt der Ertragswert nur 7000 *RM*, dann beträgt der Wert des Gesamtnachlasses 25000 + 7000 *RM* = 32000 — 8000 = 24000 *RM*. Dieser teilt sich wieder durch 2, so daß der Anteil der Erben je 12000 *RM* beträgt. 7000 *RM* muß sich S anrechnen lassen, so daß er 5000 *RM* aus dem Überschuß erhält.

III. 1. Die Tochter haftet als Miterbin für die den beiden Hypotheken zugrundeliegenden persönlichen Forderungen der Gläubiger X und Y. Daß es sich bei der Forderung des X um eine am Erbhof dinglich gesicherte handelt, ist dabei selbstverständlich ohne Bedeutung. Außerdem haftet dem Y das im gemeinschaftlichen Eigentum der Miterben S und T stehende Stadtgrundstück (§ 2032 BGB.).

2. a) Aber auch S als Anerbe haftet für die beiden persönlichen Darlehensforderungen des X und des Y als Gesamtschuldner (§§ 2058 ff. BGB. i. V. m. § 14 Abs. I EH.-RV.); es wird also, wie das früher vielfach vertreten wurde, kein Unterschied mehr zwischen Hofschulden und anderen Schulden des Erblassers gemacht.

b) Auch dinglich haftet der Erbhof für die Darlehnsforderung des X, da eine Hypothek für diese auf ihm ruht. Es kann jedoch nicht in den Erbhof vollstreckt werden (§ 38 Abs. I REG.). Die gerichtliche Geltendmachung des Hypothekenrechts durch X ist aber möglich, denn es fehlt nicht an einem Rechtsschutzinteresse: der dingliche Duldungstitel gibt dem Berechtigten eine Vorzugsstellung bei der Vollstreckung in die Erzeugnisse sowie in die Miet- und Pachtzinsforderungen (vgl. Vogels, Bem. 8 zu § 38 und Bem. 66 zu § 37).

26. Fall.

Erbhof und Vorerbschaft.

Lösung:

Vgl. zu vorl. Fall EHG. Braunschweig v. 11. Juni 1937 = JW. 1937, 2584 f.

I. Das gemeinschaftliche Testament der Ehegatten A (§§ 2265 ff. BGB.) bewirkt, daß die überlebende Ehefrau beim Tode ihres Mannes im Jahre 1927 alleinige Erbin, und zwar Vorerbin geworden ist (§ 2106 BGB.; § 2269 scheidet nach dem Wortlaut des Testaments „Nacherben" aus). Trotzdem der Vorerbe erheblichen Verfügungsbeschränkungen unterworfen ist (§§ 2113 ff. BGB.), wird die Erbhofeigenschaft nicht dadurch ausgeschlossen, daß die Besitzung dem Eigentümer lediglich als Vorerben gehört (§ 51 Abs. I EHRV.). Danach besteht der Grundsatz, daß sich bei einer vor dem 1. Oktober 1933 begründeten Vorerbschaft der Anerbe nach der Person des ursprünglichen Hofbesitzers und nicht nach der Person des Vorerben bestimmt. Die Bestimmung des § 51 Abs. IV EHRV. kann nur so verstanden werden, daß die Vorerbin den Anerben nur unter solchen Nacherben bestimmen kann, aus denen der Erblasser nach Abs. III selbst den Anerben hätte wählen können. Die als Anerben in Betracht kommenden Verwandten sind in § 20 REG. aufgezählt; zu ihnen gehört die Schwestertochter der Frau nicht; dagegen der Brudersohn des Mannes (§ 20 Ziff. 3 REG.). Die Witwe des A kann daher die X nicht als Anerbin bestimmen.

II. Die offenbar nach § 51 Abs. IV REHG. von der Witwe A beantragte Genehmigung zur Einsetzung (§ 59 Abs. II EHVfO.) der X als Nacherbin hätte demgemäß verweigert werden müssen, weshalb Y als dem laut Sachverhalt Nächstberechtigten das Beschwerderecht zusteht (§ 48 REG.: sofortige Beschwerde). Gemäß § 48 Abs. III REG. entscheidet über die sofortige Beschwerde das Erbhofgericht.

III. Der Aufhebung des anerbengerichtlichen Beschlusses steht auch der Umstand nicht entgegen, daß der Beschwerdeführer Y bereits einen Erbhof hat, da er als Anerbe gemäß

§ 22 REG. erst dann ausscheiden würde, wenn die dort bestimmte Frist verstrichen ist, ohne daß er die zum Erwerb der Anerbenbestellung erforderliche Erklärung abgegeben hat (zust. EHG. Braunschweig i. ob. zit. Entsch.).

27. Fall.

Wirkung des Erbverzichts.

Lösung:

Vgl. f. vorl. Fall REHGer. v. 3. Mai 1937 = REHG. 4, 206 = JW. 1937, 2579.

I. Nach §§ 2346 ff. BGB. kann durch Vertrag, der gemäß § 2348 BGB. gerichtlicher oder notarieller Beurkundung bedarf, auf das Erbrecht verzichtet werden. Mit wirksamem Verzicht ist der Verzichtende mit der Erbfolge ausgeschlossen, wie wenn er zur Zeit des Erbfalles nicht mehr gelebt hätte (§ 2346 Abs. I, 2). Die Wirkung des Verzichts erstreckt sich, sofern kein besonderer Vorbehalt getroffen ist, auch auf seine Abkömmlinge (§ 2349 BGB.). Danach wäre X_1 nicht Anerbe geworden, da auch ein Verzicht auf das Anerbenrecht bereits bisher von Rechtsprechung und Lehre für zulässig erachtet worden ist. Durch § 9 EHRV. ist dies jetzt auch durch den Gesetzgeber anerkannt worden.

II. Gegen die Wirksamkeit des Verzichts auf das Anerbenrecht auch für anerbenberechtigte Abkömmlinge des Verzichtenden spricht der Umstand, daß damit dem Erblasser eine zu große Einwirkung auf die Anerbenfolge eingeräumt wird. Doch schlägt dieser Einwand nicht durch, denn bei dem Verzicht steht die Person des Verzichtenden im Vordergrund, auf dessen freie Entschließung die Einwirkung auf die Anerbenfolge zurückgeht. „Dessen Verzicht kann aber solange nicht als dem Gesetz widersprechend angesehen werden, als das Gesetz den berufenen Anerben nicht zur Annahme zwingt, sondern die Ausschlagung zuläßt. Der Verzicht ist auch ein zweckmäßiges Mittel schon zu Lebzeiten des Eigentümers über die spätere Anerbenfolge Klarheit zu schaffen, anstatt den Erbfall und die Ausschlagung abzuwarten; das ist für den Hof oft von Vorteil" (vgl. REHGer. in ob. zit. Entsch.).

Es bleibt also auch für das Erbhofrecht bei der Regelung

des § 2349 BGB. Damit ist Y der Anerbe, vorausgesetzt, daß die persönlichen Voraussetzungen (§§ 11 ff. REG.) bei ihm gegeben sind.

28. Fall.

Vererbung des Auflassungsanspruchs bei Erbhöfen.

Lösung:

Vgl. z. vorl. Fall LEHG. Celle v. 24. Juni 1936 = JW. 1936 S. 2738 f.

I. 1. Da die Eintragung des X als Eigentümer noch nicht erfolgt war, ist er im Augenblick seines Todes noch nicht Eigentümer des Hofes gewesen (§ 873 BGB.). Die Auflassung (§ 925 BGB.) und die Genehmigung des AEG. (§ 37 Abs. III REG.) ändern daran nichts. Durch die bloße Besitzeinräumung ist X auch noch nicht „Bauer" geworden (§ 11 REG.). Sein Sohn X_1 hat daher höchstens schuldrechtliche Ansprüche auf Eigentumsübertragung erben können (§ 1922 BGB.). Dieser Anspruch vererbt sich aber nicht nach Erbhofrecht, sondern nach BGB., denn nur Erbhöfe selbst vererben sich nach dem REG. auf den Anerben.

2. Durch den anerbengerichtlichen Genehmigungsbeschluß ist nur die Veräußerung an X persönlich, nicht an seine etwaigen Erben oder seinen zukünftigen Anerben, genehmigt, denn bei Veräußerungen des ganzen Erbhofes spielt gerade die Person des Erwerbers für die Erteilung der Genehmigung eine entscheidende Rolle.

3. Aus diesem Grunde sind die Eheleute A erbhofrechtlich nicht gehindert, nunmehr über ihren Hof anderweitig mit Genehmigung des Anerbengerichts zu verfügen.

4. Ist X_1 der einzige anerbenberechtigte Anerbe des X, so wird er allerdings den ererbten Übereignungsanspruch gegen die Eheleute A durchsetzen können. Man wird jedoch die Übertragung des Erbhofes auf ihn von der anerbengerichtlichen Genehmigung (§ 37 Abs. III REG.) abhängig machen müssen, da, wie oben festgestellt wurde, die seinem Vater erteilte Genehmigung sich nicht ipso iure auf ihn erstreckt (zust. wohl die ob. zit. Entsch.).

II. Das AEG. mußte den Antrag als unzulässig ablehnen. Denn die Eheleute begehen in Wahrheit eine Feststellung über die Eigentumsverhältnisse am Erbhof, wie sie sich nach dem Tode des X darstellen. Dazu ist aber das ordentliche Gericht berufen, da die Anerbenbehörden, wie alle Sonderbehörden, nur für diejenigen Aufgaben zuständig sind, die ihnen ausdrücklich zugewiesen sind. § 40 Abs. I REG. stellt sich nicht etwa als „Generalklausel" dahingehend dar, daß die Anerbenbehörden für alle mit dem Erbhof zusammenhängenden Fragen zuständig seien. Es gilt also der sog. Aufzählungsgrundsatz (so Rsp. und Lehre, vgl. u. a. Vogels Bem. 7, 8 zu § 40 REG. u. d. d. angegebene Rsp.).

29. Fall.

Freie Anerbenbestimmung.

Lösung:

Vgl. z. vorl. Fall REHGer. v. 21. Febr. 1936 = REHG. 2, 381 = JW. 1936 S. 2721.

Dem Antrag auf Genehmigung kann stattgegeben werden. § 21 Abs. IV REG. steht dem nicht im Wege. Nach § 25 Abs. I Ziff. 2 b REG. kann der Bauer den Anerben „innerhalb der ersten Ordnung" bestimmen, wenn in der Gegend am 1. Okt. 1933 freie Bestimmung des Anerben durch den Bauern üblich gewesen ist. Zur ersten Ordnung gehören nach § 20 REG. ganz allgemein „die Söhne des Erblassers". Die im Gesetz dem § 21 Abs. IV nachfolgende Bestimmung des § 25 müßte einen Vorbehalt zugunsten des § 21 Abs. IV treffen, wenn dieser im Rahmen des § 25 Geltung haben sollte (R.-EHGer. i. ob. zit. Entsch.).

Das AEG. kann deshalb die Genehmigung, vorausgesetzt, daß der sonstige Inhalt des Vertrages nicht den Zwecken des REG. zuwiderläuft, erteilen. Jedoch kann die Genehmigung nur erteilt werden, wenn ein wichtiger Grund vorliegt: § 7 Abs. IV EHRV.

30. Fall.

Wichtiger Grund zur Übergehung von Anerben der ersten Ordnung.

Lösung:

I. Die Übergehung des X:

1. X ist der einzige Sohn aus erster Ehe; daher ist er

gemäß § 21 Abs. IV, 1 REG. vor Söhnen der zweiten Ehe zum Anerben berufen. Er könnte also nur dann übergangen werden, wenn ein wichtiger Grund vorliegt und das AEG. deshalb die Zustimmung zu einer solchen Maßnahme erteilt (§ 25 Abs. I Ziff. 3).

2. Die schriftliche Erklärung des X vom 3. September 1935 stellt sich nicht als wirksamer Erbverzicht dar, da sie nicht der Form des § 2348 BGB. entspricht (vgl. auch REHG. 2, 232 = JW. 1936 S. 1847 und Lö. zu Fall 8). Auch eine Ausschlagung, wie sie nach § 29 REG. möglich ist, liegt in der Erklärung nicht, da sie erst dann möglich ist, wenn der Erbfall eingetreten ist.

3. Indessen ist die Erklärung für die Entscheidung des Falles von erheblicher Bedeutung. Wenngleich X, trotz der Erklärung, nächstberechtigter Anerbe geblieben ist, so hat er durch diese doch den ernstlichen Willen kundgetan, sein Anerbenrecht aufzugeben; auch hat er die 3000 *RM* Entschädigung bereits erhalten. „Dieser Umstand muß, da das REG. es dem Anerben überläßt, ob er seine Anerbenstelle wahren oder aufgeben will, als ein wichtiger Grund für eine Abweichung von der gesetzlichen Anerbenfolge gewertet werden" (REHGer. vom 29. Sept. 1936 = REHG. 3, 198 = JW. 1937 S. 102f.). Dem ist beizupflichten, zumal im vorliegenden Falle noch hinzukommt, daß X seit langer Zeit in der Stadt wohnt, den ländlichen Verhältnissen weitgehend entfremdet ist, niemals auf dem Hofe gearbeitet hat und für die „Aufgabe" seines Anerbenrechts eine Entschädigung erhalten hat, die ihm die Gründung einer bescheidenen Existenz erlaubt.

II. Nachdem in der Gegend Ältestenbrauch gilt, X aber — wie festgestellt — rechtswirksam ausgeschaltet werden kann, wäre der nächstberufene Anerbe der heute 11 jährige Sohn Y aus zweiter Ehe. Um ihn durch letztwillige Verfügung von Todes wegen auszuschalten, müßte gemäß § 25 Abs. I Ziff. 3 REG. ebenfalls ein wichtiger Grund gegeben sein. Ein solcher muß nach Ansicht des Reichserbhofgerichts (vgl. oben zit. Entsch.) darin gefunden werden, daß der Bauer, der seine beiden Söhne naturgemäß am besten kennt, den jüngeren Sohn Z als kräftiger und geeigneter bezeichnet als den älteren Sohn Y. Schließt sich das Anerbengericht dieser Auffassung an, so steht der Erteilung der Genehmigung des Testaments nichts im Wege, da es selbstverständlich wünschenswert ist, wenn der Hof in die Hände des Tüchtigsten und Fähigsten gelangt. Im übrigen ist auch für die Sicherstellung des Y durch die Bestimmung von Geldleistungen im Testament gesorgt.

Beachte: Die hier zitierte Entscheidung des REHGer. dehnt den Anwendungsbereich des „wichtigen Grundes" erheblich weit aus; das ist nicht ohne Gefahren, da sehr leicht die zwingende Anerbenordnung des § 20 REG. umgangen werden und die Ausnahmefälle des § 25 REG. zur Regel gemacht werden können!

31. Fall.

Die Anerbenberechtigung des Unehelichen und der Verzicht auf das Anerbenrecht.

Lösung:

I. Die nächstberechtigten Anerben des A sind die Anerben der vierten Ordnung, wozu die Töchter des Erblassers, ebenso die Söhne und Sohnessöhne der verstorbenen Töchter gehören (§ 20 Ziff. 4 REG.). Die T wäre demgemäß Anerbin geworden, wenn sie nicht durch den notariellen Vertrag aus dem Jahre 1935 wirksam auf ihr Anerbenrecht verzichtet hätte. Der gemäß §§ 2346, 2348, 2349 BGB. geschlossene Erbverzichtsvertrag ist auch ohne die Zustimmung ihres Ehemannes gültig (vgl. RGRKomm. Anm. 3 zu § 1406). Die Gültigkeit des Verzichts auf das Anerbenrecht wird vom REHGer. anerkannt (REHG. 2, 232 = JW. 1936 S. 1847). Die Folge des Verzichts ist, daß es so angesehen wird, als wenn der Verzichtende zur Zeit des Erbfalles nicht gelebt hätte (§ 2346 BGB.).

II. Da sich der Verzicht der T nicht auf ihre Abkömmlinge erstreckt (sie verzichtete „für ihre Person"), so treten gemäß § 20 Ziff. 4 REG. an die Stelle der verzichtenden Tochter ihre Söhne und Sohnessöhne. Da uneheliche Söhne in gleicher Weise wie die ehelichen Söhne mit ihrer Mutter (und dementsprechend auch mit deren Eltern usw.) verwandt sind, ist B, der uneheliche Sohn der T, eine zur vierten Ordnung gehörige anerbenberechtigte Person. Gemäß § 21 Abs. V REG. geht freilich B den ehelichen Kindern seiner Mutter T im Range „schlechthin" nach, also auch deren Töchtern. Demgemäß würde im vorliegenden Falle B erst den Rang nach seiner zur sechsten Ordnung gehörenden ehelichen Halbschwester T_1 erhalten. Das entspricht nun keinesfalls dem Sinn des REG., denn die Anerbenordnung geht allgemein (vgl. § 20 Ziff. 1—6 REG.) von der Begünstigung des Mannesstammes oder wenigstens des männlichen Geschlechts aus. „Dem Sinn des REG. entspricht es daher, daß im Falle des § 20 Ziff. 4 an Stelle einer verstorbenen Tochter des Erblassers neben etwa vorhandenen ehelichen Söhnen und zwar im Range hinter ihnen, ohne Rücksicht auf das Vorhandensein ehelicher Halbschwestern, die unehelichen Söhne des Anerben der vierten Ordnung berufen sind und insoweit die Bestimmungen des § 21 Abs. V REG. über den Rangrücktritt eines unehelichen Sohnes hinter eine eheliche Tochter einzuschränken ist" (REHGer. vom 29. Sept. 1936 = REHG. 3, 208 = JW. 1937 S. 102). Diese Stellungnahme des Reichserbhofgerichts rechtfertigt sich auch aus § 25 Abs. II REG., wonach auch uneheliche Söhne an der Bevorzugung des Mannesstammes teilhaben sollen.

III. Da der Erblasser innerhalb der vierten Ordnung einen Anerben bestimmen kann (§ 25 Abs. IV, 1 REG.), war A in der Lage, den als zur vierten Ordnung gehörig anzusehenden unehelichen Sohn B seiner Tochter T zum Anerben einzusetzen, womit die Voraussetzung für die Anwendbarkeit des § 37 Abs. III REG. erfüllt ist. Ein wichtiger Grund für die Genehmigung des Hofübergabevertrages braucht also nicht vorzuliegen. Da A den B gemäß § 25 Abs. IV, 1 als Anerben hätte auswählen können, bedarf es auch der ansonsten nach § 25 REG. notwendigen Zustimmung des AEG. nicht.

IV. Der Tod des Veräußerers nach § 37 REG. steht der Fortführung des Genehmigungsverfahrens und der Erteilung der Genehmigung nicht im Wege (vgl. REHG. 2,

145 = JW. 1936 S. 1059). Nur wenn der Übernehmer, was hier nicht der Fall ist, der nächstberechtigte Anerbe ist und infolgedessen durch den Tod des Hofeigentümers bereits kraft Anerbenrechts das Eigentum am Hof erlangt hat, ist die Genehmigung der Hofübergabe auf Grund eines vor dem Tode des bisherigen Eigentümers in verbindlicher Form geschlossenen Übergabevertrages überflüssig und das Genehmigungsverfahren gegenstandslos geworden.

Der Antrag auf Genehmigung der Veräußerung gemäß § 37 REG. konnte gemäß § 60 EHVfO. auch von B, zu dessen Gunsten die Veräußerung stattfand, gestellt werden.

Merke: „In Übereinstimmung mit der Regelung des bürgerlichen Rechts (§ 1705) gilt ein uneheliches Kind als nicht mit seinem Erzeuger verwandt. Der uneheliche Sohn eines Bauern ist daher auch nicht ein Sohn i. S. des § 20 Ziff. 1 REG. Der männliche Erblasser kann jedoch einen unehelichen Sohn zum Erben bestimmen, wenn eheliche Söhne oder Söhnessöhne nicht vorhanden sind und das AEG. der Anerbenwahl zustimmt (§ 25 Abs. II REG.). Das Vorhandensein weiblicher ehelicher Abkömmlinge steht diesem Bestimmungsrecht des Bauern nicht entgegen.... Anders liegt es im Verhältnis des unehelichen Kindes zur Mutter. Hier ist gem. § 1705 BGB. ein rechtes Kindesverhältnis gegeben" (vgl. JW. 1937 S. 101).

32. Fall.

Die Berechnung des Pflichtteils.

Lösung:

Pflichtteil kann entzogen werden (§§ 2333 ff. BGB.). Form: letztwillige Verfügung (§ 2336 BGB.). Ob diese Voraussetzungen vorliegen, läßt der Sachverhalt offen. Nicht zu unterstellen. Es besteht ein Pflichtteilsanspruch des Y und des Z jedoch nur in Ansehung des freien, d. h. nicht erbhofgebundenen Vermögens. Y und Z konnten in Ansehung des Erbhofes nicht Erben werden (§ 19 REG.). Der Pflichtteil besteht in der Hälfte des gesetzlichen Erbteils (§ 2303 BGB.). Da der Erbhof Sondererbe ist, kann sein Wert bei der Berechnung des Pflichtteils nicht mit eingesetzt werden. Auskunftspflicht und Pflicht zur Vorlegung eines Bestandsverzeichnisses (§§ 2314, 260 BGB.) erstreckt sich demgemäß **nicht** auf das Erbhofvermögen. So auch das Reichsgericht: „Aus § 19 REG. ist zu folgern, daß der Erbhof der Vererbung nach allgemeinen Vorschriften ganz entzogen ist und für die Berechnung des gesetzlichen Erbteils und des Pflichtteils nach BGB. ganz außer Betracht bleibt" (RGZ. in JW. 1937 S. 3173).

Anmerkung: 1. An die Stelle der bezüglich des Erbhofes nicht bestehenden Pflichtteilsrechte treten die erbhofrechtlichen Versorgungsansprüche aus §§ 30, 31 REG.

2. Zwar muß sich der Anerbe bei Verteilung des erbhoffreien Nachlasses den Wert des Erbhofes nach § 35 Abs. II REG. auf seinen Erbteil anrechnen lassen; es bleibt aber im übrigen der Erbhof bei der Verteilung des erbhoffreien Nachlasses und demgemäß auch bei der Pflichtteilsberechnung außer Betracht (RGZ. in oben zit. Entsch. und Vogels, dorts.).

33. Fall.

Das Austauschrecht.

Lösung:

I. 1. a) Wenn der Anerbe — wie hier — bereits einen Hof hat, dann scheidet er als Anerbe aus (§ 22 Abs. I RGE.); daß S Anerbe ist, ergibt sich aus § 20 Ziff. 1 REG. Freilich steht ihm durch form- und fristgerechte Geltendmachung des ihm nach § 22 Abs. II REG. eingeräumten Austauschrechts die Möglichkeit zur Seite, den angefallenen Hof zu übernehmen. Das hätte zur Folge, daß der in § 22 Abs. I REG. angeordnete Anfall des Hofes an den Ersatzerben mit Wirkung vom Erbfall ab rückgängig gemacht wird. Der Erklärende wird dann endgültig Anerbe und zwar ebenfalls mit Wirkung vom Erbfall ab. Der Eigenhof des Anerben geht dann kraft Gesetzes auf den Nächstberufenen über und zwar mit Wirkung von dem Zeitpunkt ab, in dem die Erklärung wirksam wird, d. i. der Zeitpunkt des Eingangs der Erklärung beim AEG. (§ 130 Abs. III BGB. und Vogels gegen Baumecker, Bem. 12 zu § 22 REG.).

b) Für den Fall, daß S den Hof des A gern seiner Sippe

erhalten möchte, könnte er von diesem Austauschrecht Gebrauch machen. Der Hof seines Vaters würde dann an ihn, sein eigener Hof an seinen Sohn S_1 fallen, der der Nächstberufene ist (§ 20 Ziff. 1 REG.).

Aber auch ohne Geltendmachung des Austauschrechtes würde der Hof in der Sippe des S bleiben, denn gemäß § 22 Abs. I, 2 REG. fällt der Hof des Erblassers in diesem Fall an den Nächstberufenen, den S_1.

c) Daran ändert auch das Testament des A grundsätzlich nichts, denn § 8 EHRV. kommt beim vorliegenden Sachverhalt deshalb nicht zum Zuge, als der dort geregelte Fall sich lediglich darauf bezieht, daß der Anerbe bereits seinen Hof hat und ein anderer Verwandter der gleichen Anerbenordnung vorhanden ist. Das ist hier der Fall, da S_1 der gleichen Ordnung angehört, wie sein Vater, der Anerbe S. Macht also S von seinem Austauschrecht keinen Gebrauch, so fällt der Hof des A an seinen Sohn S_1.

d) Da in der Gegend Ältestenrecht gilt und freie Bestimmung des Anerben durch den Erblasser nicht Brauch ist, konnte A grundsätzlich die gesetzliche Anerbenordnung (hier §§ 20, 22 REG. i. V. m. § 8 EHRV.) nicht durch letztwillige Verfügung abändern (§ 24 Abs. I REG.). Diese Möglichkeit steht ihm nur im Rahmen des § 25 REG. zur Seite; hier käme lediglich die Ziff. 3 in Betracht. Zur Übergehung des S (bzw. S_1) müßte ein „wichtiger Grund" vorliegen. Ob ein solcher im gegebenen Fall vorhanden ist, ist aus dem Sachverhalt nicht ersichtlich. Da das Testament zu Lebzeiten des A offenbar nicht der Genehmigung des AEG. anheimgegeben worden ist, könnte auch nach dem Tode des Erblassers durch jeden, der ein berechtigtes Interesse an der Entscheidung hat, Genehmigungsantrag gestellt werden (§ 59 Abs. III EHRV.); also auch der testamentarisch zum Erben eingesetzte B, da er bei Erteilung der Genehmigung Anerbe würde. Im Falle, daß B einen solchen Antrag stellen sollte, müßte das AEG. an die Prüfung der Frage, ob ein wichtiger Grund vorliegt, besonders strenge Anforderungen stellen, da ein Anerbenberechtigter der ersten Ordnung übergangen werden soll.

2. a) Wäre B nicht ein Bruder, sondern ein weiterer Sohn des Erblassers A, dann würde ohnehin der Hof dem B gemäß § 8 EHRV. anfallen, da diese Bestimmung gerade die Aufgabe hat, dafür zu sorgen, daß beim Vorhandensein von zwei gleichberechtigten Stämmen möglichst jeder Stamm einen Erbhof erhält. § 8 EHRV. stellt sich also als Ausnahme des § 22 Abs. I REG., nach welcher Bestimmung auch in diesem Falle der S_1 den Hof bekäme, dar. Allerdings bleibt zu beachten, daß weder B, noch seine Ehefrau, noch einer seiner Abkömmlinge bereits einen Erbhof haben darf. Ist dies der Fall, dann bewendet es bei der Regel des § 22 Abs. I REG. und S_1 erhält, vorbehaltlich des Austauschrechts des S, den Hof des A.

b) Die testamentarische Bestimmung des Sohnes B zum Anerben scheint demnach überflüssig. Sie ist indessen nicht bedeutungslos und zwar aus folgendem Grunde:

Trotz des § 8 EHRV. besitzt natürlich der Zunächstberufene das Austauschrecht des § 22 Abs. II REG. Er könnte also den Anfall des Erblasserhofes an sich durch Ausübung dieses Rechtes gemäß den unter 1 a getroffenen Feststellungen bewirken. Die Bedeutung der testamentarischen Bestimmung, der Sohn B solle der Anerbe sein, könnte daher durchaus dahingehend ausgelegt werden, daß der Zunächstberufene, hier der S, kein Austauschrecht besitzen solle; dies umsomehr, als sonst diese Bestimmung angesichts der Regelung in § 8 EHRV. ganz überflüssig erscheint. Nach u. A. ist jedoch zur Gültigkeit einer solchen Bestimmung in entsprechender Anwendung des § 25 Ziff. 3 REG. die Zustimmung des AEG. erforderlich, die nur gegeben werden darf, wenn ein wichtiger Grund vorliegt, da gemäß § 21 Abs. II, III REG. der Sohn des an sich berufenen Anerben S, den B ausschließt, abgesehen selbstredend von dem Fall, daß freie testamentarische Bestimmung durch den Erblasser üblich ist oder in der Gegend Anerbenrecht nicht Brauch ist (§ 25 Ziff. 1, 2 REG.). Das ergibt sich daraus, daß es lediglich in die Hand des bereits einen Erbhof besitzenden Anerben gelegt ist, ob er seinen Eigenhof behalten oder den angefallenen Hof übernehmen will.

II. In diesem Falle scheidet er nicht als Anerbe aus; dies ist nur dann der Fall, wenn er Alleineigentümer eines Hofes ist. Ist er also auf Grund der §§ 17, 18, 24, 25 EH.-RV. lediglich als Miteigentümer oder als Teileigentümer an einem Erbhof beteiligt, dann sind die Voraussetzungen des § 22 Abs. I REG. nicht gegeben (Vogels, Bem. 3 zu § 22 REG.; EHG. München vom 24. Nov. 1934 = EHRsp. § 37 c Nr. 59). Das ergibt sich aus dem Zweck der Bestimmung des § 22, die lediglich verhindern will, daß ein Stamm mehrere Erbhöfe besitzt.

34. Fall.

Wirkung der Entziehung der Nutzverwaltung.

Lösung:

I. Gemäß § 86 Abs. II EHRV. kann das AEG. die unter den Voraussetzungen des § 15 Abs. II REG. auch dauernd entziehbare Verwaltung und Nutznießung (§ 85 EHRV.) am Hof auf den Ehegatten des Eigentümers oder auf denjenigen übertragen, der der gesetzliche Anerbe wäre, wenn dieser im Zeitpunkt des Übertragungsbeschlusses stürbe. Das wäre, da die Ehefrau des A nicht bauernfähig ist (es fehlt ihr die nach § 15 Abs. I REG. erforderliche Ehrbarkeit: LEHG. Celle vom 3. Okt. 1935 = RdRN. 799), gemäß § 21 Abs. III i. V. m. § 20 Ziff. 1 REG. der älteste Sohn X. Diesem fehlt laut Sachverhalt zwar nicht die Bauernfähigkeit, er ist jedoch, da er energielos und faul ist, gegenüber seinem jüngeren aber tatkräftigen und fleißigen Bruder Y ungleich weniger zum Nutzverwalter geeignet als dieser. § 86 Abs. IV EHRV. bestimmt nun, daß die Nutzverwaltung auch auf eine andere Person übertragen werden kann, sofern diese dem Eigentümer gegenüber anerbenberechtigt ist oder von ihm auf Grund einer anderen Vorschrift als § 25 Abs. V REG. zum Anerben bestimmt werden könnte. Dies ist bei Y gemäß § 25 Abs. I Ziff. 3 REG. möglich, da in der Person des Anerben X ein wichtiger Grund zu seiner Übergehung liegt: nach Tunlichkeit soll der Hof in die Hand eines tüchtigen Bauern kommen; sofern dieser zum Anerben bestimmt werden kann, soll das AEG. an das Vorliegen eines wichtigen Grundes keine allzustrengen Forderungen stellen, zumal wenn — wie hier — der Hof auf einen der ersten Ordnung angehörigen Bruder des gesetzlichen Anerben übertragen wird (zust. offenbar auch Vogels, Bem. 1 zu § 87 EHRG., S. 929). Die Voraussetzungen des § 86 Abs. IV EHRG. sind daher im vorliegenden Falle gegeben und Y konnte vom AEG. zum Nutzverwalter bestimmt werden.

II. Ist dem Bauern das Nutzverwaltungsrecht entzogen worden und auf ein noch minderjähriges Kind — hier den 19jährigen Sohn Y — übertragen worden, so erstreckt sich die väterliche Verwaltung und Nutznießung (§§ 1627 ff. BGB.) nicht auf dieses dem Kinde übertragene Recht. Das würde dem Zweck der Abmeierung widersprechen; vielmehr muß angenommen werden, daß das dem Sohn übertragene Nutzverwaltungsrecht in das freie Vermögen des Kindes fällt (§ 1650 ff. BGB.; so auch RG. vom 7. Febr. 1936 = EHRsp. § 15 Nr. 53 = JW. 1936 S. 1469, und Vogels, Bem. 4 zu § 90 EHRG.).

Merke hierzu: Wird die Verwaltung und Nutznießung dem Bauern entzogen und auf die Ehefrau übertragen, so erstreckt sich die ehemännische Verwaltung und Nutznießung (§§ 1373 ff. BGB.) nicht auf dieses der Frau übertragene Recht; das würde dem Sinn der Abmeierung widersprechen (§ 90 EHRG.). Das der Frau übertragene Nutzverwaltungsrecht ist daher als Vorbehaltsgut (§§ 1365 ff. BGB.) anzusehen.

III. Ja, diese Möglichkeit ist in § 87 Abs. I EHRG. vorgesehen. Diese Bestimmung findet ihre innere Berechtigung darin, daß man im allgemeinen von dem nach § 86 EHRG. zum Nutzverwalter Bestellten nur dann den vollen Einsatz seiner Arbeitskraft für den seiner Wirtschaftsführung unterstehenden Hof erwarten kann, wenn er auch die Gewähr dafür erhält, daß er beim Tode des Hofeigentümers nicht vom Hof zu weichen braucht. Für die Ehefrau beachte jedoch § 87 Abs. I, 2!

35. Fall.

Wirtschaftsüberwachung und Abmeierung.

Lösung:

I. Voraussetzungen der Anordnung der Wirtschaftsüberwachung: § 74 EHRV. Sie sind gegeben. Stellt sich die Unzulänglichkeit der Wirtschaftsüberwachung heraus, so kann das AEG. auf Antrag des Landesbauernführers schon vor Ablauf der im Überwachungsbeschluß angesetzten Zeit entweder die Wirtschaftsführung durch einen Treuhänder anordnen (§§ 77 ff. EHRV.) oder dem Bauern (als einschneidendste Maßnahme!) gemäß § 15 REG. die Verwaltung und Nutznießung entziehen (§ 76 Abs. IV EHRV.).

II. 1. Der Vertrauensmann besitzt in erster Linie eine beratende Tätigkeit; er hat den Bauern auf Mängel der Betriebsführung hinzuweisen und dafür zu sorgen, daß diese abgestellt werden. Deshalb soll ihm der Bauer seine Verhältnisse offen darlegen, zumal der Vertrauensmann zur Verschwiegenheit verpflichtet ist (§ 75 Abs. V EHRV.).

2. Ausnahmsweise (d. h. von Fall zu Fall) kann er auch vom AEG. ermächtigt werden, an Stelle des Bauern zu handeln. Dann ist er dessen Stellvertreter!

3. Der Vertrauensmann hat sich im Interesse der Schuldentilgung darum zu kümmern, daß sparsam gewirtschaftet wird, der Bauer ist verpflichtet, sich darauf hinzielenden Anordnungen des Vertrauensmannes zu unterwerfen (§ 75 Abs. III EHRV.).

4. Wenngleich die Wirtschaftsüberwachung nicht den Charakter einer Zwangsüberwachung haben soll (das würde auch dem Sinn des § 38 REG. zuwiderlaufen — vgl. Vogels, Bem. 1 zu § 74 EHRV.), soll der Vertrauensmann darauf hinwirken, daß die wegen der Bestimmungen der §§ 38, 39 REG. ohnehin schlecht gestellten Gläubiger befriedigt werden.

5. Berichterstattungspflicht gegenüber dem AEG. und dem Landesbauernführer.

6. Nachforschungs- und Auskunftsrecht (§ 75 Abs. II EH.-RV.). Daraus folgt, daß er jederzeit auf dem Hofe ein- und

ausgehen kann. Widerstand des Bauern kann durch Strafen gebrochen werden (§ 50 REG. i. V. m. § 890 ZPO.).

7. Der Vertrauensmann hat einen Auslagenersatzanspruch, wobei der Natur der Sache nach zu berücksichtigen ist, daß die Kosten der Überwachung tunlichst niedrig gehalten werden.

8. Dem AEG. obliegt die laufende Überwachung des Vertrauensmannes. Es kann ihn bei Ungeeignetheit abberufen.

III. Ist die Wirtschaftsführung durch einen Treuhänder (§§ 77 ff. EHRV.) angeordnet worden, so verliert der Bauer gemäß § 79 EHRV. die Verfügungsgewalt (auch über die Nutzungen des Hofes!). Die Verfügungsmacht geht auf den Treuhänder über (§§ 79 Abs. IV, 80 Abs. II EHRV.). Hierin besteht der grundlegende Unterschied zur Wirtschaftsüberwachung (beachte Abs. III des § 79!). Selbstverständlich wird der gute Glaube des Erwerbers bei widerrechtlichen Verfügungen des Bauern geschützt (vgl. § 135 BGB.). Schließlich ist der Treuhänder gemäß § 79 Abs. IV, 4 Stellvertreter des Bauern.

Merke aber: Bei bestehender Wirtschaftsführung durch einen Treuhänder kann der gute Glaube des Erwerbers bei widerrechtlichen Verfügungen nur insoweit geschützt werden, als es sich darum handelt, daß er von der Treuhänderbestellung nichts weiß. Im übrigen kommt ein Schutz des guten Glauben überhaupt nicht in Betracht, da das Veräußerungsverbot des § 37 REG. ein absolutes ist.

Kolibri 360 GmbH
Ferdinand-Jühlke-Straße 7
99095 Erfurt, Deutschland
produktsicherheit@kolibri360.de